AGENOR BRIGHENTI

Aparecida em resumo

O *Documento Oficial* com referência às mudanças efetuadas no *Documento Original*

Dados Internacionais de Catalogação na Publicação (CIP)
(Câmara Brasileira do Livro, SP, Brasil)

Brighenti, Agenor
  Aparecida em resumo : o documento oficial com referência às mudanças efetuadas no documento original / Agenor Brighenti — São Paulo : Paulinas, 2008. — (Coleção sinais dos tempos)

Bibliografia
ISBN 978-85-356-2225-6

1. Documento de Aparecida I. Título II. Série

08-01195   CDD-262.120981612

Índice para catálogo sistemático:
1. Documento de Aparecida : Resumo : Cristianismo   262.120981612

Direção-geral: *Flávia Reginatto*
Editores responsáveis: *Vera Ivanise Bombonatto*
Afonso M. L. Soares
Copidesque: *Anoar Jarbas Provenzi*
Coordenação de revisão: *Marina Mendonça*
Revisão: *Sandra Sinzato*
Direção de arte: *Irma Cipriani*
Gerente de produção: *Felício Calegaro Neto*
Capa e editoração eletrônica: *Wilson Teodoro Garcia*

2ª edição – 2008

Nenhuma parte desta obra poderá ser reproduzida ou transmitida por qualquer forma e/ou quaisquer meios (eletrônico ou mecânico, incluindo fotocópia e gravação) ou arquivada em qualquer sistema ou banco de dados sem permissão escrita da Editora. Direitos reservados.

Paulinas
Rua Pedro de Toledo, 164
04039-000 – São Paulo – SP (Brasil)
Tel.: (11) 2125-3549 – Fax: (11) 2125-3548
http://www.paulinas.org.br – editora@paulinas.com.br
Telemarketing e SAC: 0800-7010081
© Pia Sociedade Filhas de São Paulo – São Paulo, 2008

APRESENTAÇÃO

Dados o gênero literário, a linguagem, a extensão e o teor dos documentos do Magistério, sua leitura e compreensão resultam, geralmente, em uma tarefa inacessível à grande maioria do Povo de Deus. Infelizmente, com *Aparecida* não é diferente, ainda que tenhamos sido agraciados com um bom Documento.

Buscando minimizar esses limites, oferecemos *Aparecida em Resumo*, esperando, com isso, contribuir para que sua proposta evangelizadora chegue ao maior número possível de pessoas. Não se trata de uma "síntese" do conteúdo, elaborada com as minhas próprias palavras e, sim, de um "resumo", que condensa a totalidade do texto com as próprias palavras do Documento. Além da forma, conservamos também a mesma estrutura do texto, em suas partes e capítulos, bem como seus títulos e subtítulos. Tampouco, no resumo, há comentários ou qualquer outro tipo de interpolação. Tudo o que aparece no corpo deste trabalho corresponde ao que está no Documento e na forma como nele está dito. Neste resumo, está todo o Documento, ainda que não seja o Documento todo. Em outras palavras, tudo o que está dito aqui está no Documento, mas não é o Documento todo, pois se trata de um resumo, o que não dispensa, portanto, sua leitura e estudo, em toda a sua extensão.

Além de uma condensação do texto em forma de resumo, outra característica deste trabalho é a apresentação do *Documento Oficial* (o texto autorizado pelo Papa), fazendo referência às mudanças efetuadas no *Documento Original* (o texto elaborado pela Assembléia de Aparecida), depois de encerrada a V Conferência. Essas mudanças são conhecidas, mas não do grande público, que também têm o direito de saber o que se passa em esferas mais altas ou nos bastidores da instituição eclesial. Afinal, a Igreja somos todos os batizados. O objetivo não é polemizar, ainda que se trate de atos que podem escandalizar. O que se pretende com isso, por um lado, é dar a conhecer o Documento, também em sua forma original. Como se trata de um texto do Magistério latino-americano, endereçado a todos os membros do Povo de Deus, todos os membros de nossa Igreja têm o direito de conhecer a mensagem e a proposta evangelizadora, na forma como seus próprios bispos lhes dirigiram. Por outro lado, a referência às mudanças efetuadas no *Documento Original* permite explicitar quais são os pontos sensíveis na Igreja hoje, revelados pelos censores, com relação ao processo da reforma que o Vaticano II desencadeou e que está plasmando, pouco a pouco, na Igreja latino-americana, através de uma "recepção criativa" e com muitos obstáculos e mal-entendidos, um rosto próprio. Conhecer esses pontos é situar-se com mais realismo diante do papel profético que a Igreja na América Latina precisa continuar exercendo, para que conquistas, muitas delas a preço de sangue, como opção pelos pobres, CEBs (Comunidades Eclesiais de Base), conversão das estruturas, testemunho de nossos mártires e outras, não sejam relegadas a um passado saudoso.

Antes de entrar na leitura do resumo do *Documento de Aparecida* e das mudanças efetuadas no texto depois da Assembléia, cabe orientar os leitores de que, tanto o texto como os números que aparecem entre parênteses, se referem ao *Documento Oficial*, autorizado pelo Papa. Em nota de rodapé, aparece a referência às mudanças efetuadas no *Documento Original*. Foram mais de duzentas e cinqüenta mudanças, a grande maioria de forma. Referir-nos-emos não a estas, mas às de conteúdo, praticamente a todas, que são mais de cem, dentre elas umas quarenta maiores.

O Autor

☐ ☐ ☐ ☐ ☐ ☐ ☐ ☐ ☐ ☐ ☐ ☐

INTRODUÇÃO

Com a luz do Senhor ressuscitado e com a força do Espírito Santo, nos reunimos em Aparecida para celebrar a V Conferência Geral do Episcopado Latino-americano e Caribenho. Fizemos isso como pastores que querem seguir estimulando a ação evangelizadora, chamada a fazer de todos os seus membros discípulos e missionários de Cristo, Caminho, Verdade e Vida, para que nossos povos tenham vida nele (1). Com alegria estivemos reunidos com o Sucessor de Pedro, a quem agradecemos ter nos confirmado no primado da fé em Deus e seus ensinamentos, especialmente seu Discurso Inaugural (2). Sentimo-nos acompanhados pela oração de nosso povo, representado pela companhia do bispo e dos fiéis da Igreja em Aparecida, bem como pela multidão de peregrinos de todo o Brasil e de outros países, que nos edificaram e evangelizaram. Na comunhão dos santos, tivemos presentes especialmente nossos santos latino-americanos (3).

O Evangelho chegou a nossas terras, em meio a um dramático e desigual encontro de povos e culturas. As "sementes do Verbo", presentes nas culturas autóctones, facilitaram a nossos irmãos indígenas encontrarem no Evangelho respostas vitais às suas aspirações mais profundas. A visitação de Nossa Senhora de Guadalupe foi acontecimento decisivo para o anúncio e o reconhecimento de seu Filho (4). Desde a primeira evangelização até os tempos recentes, a Igreja tem experimentado luzes e sombras. Sofreu tempos difíceis, tanto por torturas e perseguições como por debilidades, compromissos mundanos e incoerências (5).

As maiores riquezas de nossos povos são a fé no Deus amor e a tradição católica na vida e na cultura. Manifestam-se na fé madura de muitos batizados e na piedade popular, na caridade que em qualquer lugar anima gestos, obras e caminhos de solidariedade para com os mais necessitados e desamparados. Estão presentes também na consciência da dignidade da pessoa, na sabedoria diante da vida, na paixão pela justiça, na esperança contra toda esperança e na alegria de viver. Por isso, o Papa nos responsabilizou ainda mais, como Igreja, na "grande tarefa de proteger e alimentar a fé do Povo de Deus" (7). O dom da tradição católica é um cimento fundamental de identidade, originalidade e unidade de nossos povos (8).

A V Conferência é um novo passo no caminho da Igreja, especialmente a partir do Concílio Vaticano II, em continuidade, recapitulação e renovação da Igreja latino-americana a serviço de seus povos (9). Com novos desafios e exigências, abre-se a passagem de um novo período da história, em meio a um contexto marcado por turbulências sociais e políticas, bem como pela difusão de uma cultura distante e hostil à tradição cristã (10). Por isso, a Igreja é chamada a repensar profundamente e a relançar com fidelidade e audácia sua missão nas novas circunstâncias latino-americanas e mundiais. Ela não pode fechar-se em face daqueles que só vêem confusão, perigos e ameaças. Trata-se de confirmar, renovar e revitalizar a novidade do Evangelho em nosso contexto. Isso depende de pessoas novas, que encarnem esta tradição e novidade, como discípulos de Jesus Cristo e missionários do Reino, protagonistas de uma vida nova (11). Não resistiria aos embates do tempo uma fé católica reduzida a uma bagagem, a um elenco de normas e proibições, a práticas devocionais fragmentadas, a moralismos brandos ou crispados, que não convertem. Nossa maior ameaça "é o medíocre pragmatismo da vida cotidiana da Igreja, que vai se desgastando e degenerando em mesquinhez" (Bento XVI). É preciso recomeçar a partir de Cristo. O encontro com sua Pessoa dá um novo horizonte à vida (12).

Encontramo-nos diante do desafio de revitalizar nosso modo de ser católico, para que a fé cristã se enraíze mais profundamente no coração das pessoas e em nossos povos. O encontro vivificante com Cristo se manifesta como novidade de vida e missão em todas as dimensões da existência pessoal e social. Isso requer uma evangelização muito mais missionária, em diálogo com todos os cristãos e a serviço de toda a humanidade (13). É hora de mostrar a capacidade da Igreja para promover e formar discípulos e missionários que respondam à vocação recebida e comuniquem em toda parte o dom do encontro com Jesus Cristo. Não temos outro tesouro, senão este. Não temos outra prioridade, senão sermos instrumentos do Espírito de Deus na Igreja (14).

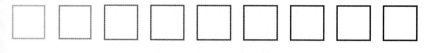

Primeira parte
A vida de nossos povos hoje

Em continuidade com as Conferências anteriores do Episcopado latino-americano, este Documento faz uso[1] do método ver-julgar-agir. Isso implica contemplar a Deus com os olhos da fé de sua Palavra revelada e do contato vivificador dos Sacramentos, a fim de que, na vida cotidiana, vejamos a realidade que nos circunda à luz de sua providência, e a julguemos segundo Jesus Cristo, e atuemos a partir da Igreja.[2] Muitas vozes, vindas de todo o Continente, ofereceram contribuições e sugestões neste sentido, afirmando que o método tem ajudado a viver mais intensamente nossa vocação e missão na Igreja, tem enriquecido nosso trabalho teológico e pastoral e, em geral, tem nos motivado a assumir nossas responsabilidades diante das situações concretas de nosso Continente. Este método nos permite articular, de modo sistemático, a perspectiva cristã de ver a realidade, a assunção de critérios que provêm da fé e da razão para seu discernimento, e a projeção do agir como discípulos missionários de Jesus Cristo (19).

---

[1] Substituiu-se: "Este documento 'continua a prática' do método ver-julgar-agir", por: "faz uso" do método.

[2] Acrescentou-se: "Este método implica contemplar a Deus com os olhos da fé através de sua Palavra revelada e do contato vivificador dos Sacramentos, a fim de que, na vida cotidiana, vejamos a realidade que nos circunda à luz de sua providência e a julguemos segundo Jesus Cristo, Caminho, Verdade e Vida, e atuemos a partir da Igreja, Corpo Místico de Cristo e Sacramento universal de salvação, na propagação do Reino de Deus, que se semeia nesta terra e que frutifica plenamente no Céu".

CAPÍTULO I
Os discípulos missionários

O caminho das Igrejas da América Latina e do Caribe se dá em meio às luzes e sombras de nosso tempo. As grandes mudanças em curso nos afligem, mas não nos confundem[3] (20). Enquanto sofremos, nos alegramos em Cristo, procurando discernir seus caminhos com esperança e gratidão pela fé. Como disse o Papa, "se não conhecemos a Deus em Cristo, a realidade se torna um enigma indecifrável" (22).

1.1 Ação de graças a Deus

Bendito seja Deus, que nos abençoou em Jesus Cristo (23) e nos chamou para sermos instrumentos de seu Reino de amor, de vida, de justiça e de paz, pelo qual tantos se sacrificaram. Ele mesmo nos encomendou a obra da Criação, seu primeiro livro, para que cuidemos dela e a coloquemos a serviço de todos (24). Damos graças a Deus pelo dom da Palavra, da celebração da fé, que culmina na Eucaristia. Também pelo sacramento

---
[3] Substituiu-se: "não nos afligem nem nos desconcertam", por: "afligem-nos, mas não nos confundem".

do Perdão. Pelo presente de Maria, Mãe de Deus e da Igreja (25).

Iluminados pelo Cristo, o sofrimento, a injustiça e a cruz nos desafiam a viver como Igreja samaritana, recordando que "a evangelização vai unida sempre à promoção humana e à autêntica libertação cristã" (Bento XVI, *Discurso Inaugural*) (26).

1.2 A alegria de ser discípulos e missionários de Jesus Cristo

Ser cristão não é uma carga, mas um dom (28). Queremos, pois, que a alegria do encontro com Jesus Cristo chegue a todos os feridos pelas adversidades. Desejamos que a alegria da Boa-Nova do Reino de Deus chegue a todos quanto jazem à beira do caminho, pedindo esmola e compaixão. A alegria do discípulo é antídoto em face de um mundo atemorizado pelo futuro e oprimido pela violência e o ódio (29).

1.3 A missão da Igreja é evangelizar

Deus nos amou tanto, que nos deu seu Filho. Ele anuncia a Boa-Nova do Reino aos pobres e aos pecadores. Como discípulos e missionários seus, queremos fazer o mesmo, não sendo profetas de desventuras, anunciando que Deus é uma ameaça, mas sim proclamando a salvação e a libertação pelo seu Reino (30). Seguir os passos de Jesus e adotar suas atitudes: sendo o Senhor, se fez servidor e obediente até a morte de cruz; sendo rico, escolheu ser pobre por nós. No Evangelho, aprendemos a sublime lição de ser pobre seguindo Jesus pobre e a de anunciar o Evangelho sem bolsa nem alforje, sem colocar nossa confiança no dinheiro nem no poder deste mundo. Na generosidade dos missionários se manifesta a generosidade de Deus (31).

No rosto sofrido e glorioso de Jesus, com o olhar da fé, podemos ver o rosto humilhado de tantos homens e mulheres de nossos povos, como o rosto desfigurado de Jesus, que somos chamados a transfigurar, pela promoção da dignidade pessoal e pela fraternidade entre todos (32).

CAPÍTULO II
Olhar dos discípulos missionários sobre a realidade

2.1 A realidade que nos desafia como discípulos e missionários

Como discípulos de Jesus Cristo nos sentimos interpelados a discernir os "sinais dos tempos", à luz do Espírito Santo, para nos colocar a serviço do Reino, anunciando Jesus, que veio para que todos tenham vida e "vida em abundância" (Jo 10,10) (33).

Nossos povos vivem uma realidade marcada por grandes mudanças (33). A novidade é que, diferente de outras épocas, estas mudanças, com o fenômeno da globalização, têm um alcance universal, afetando o mundo inteiro. Um fator determinante destas mudanças é a ciência e a tecnologia, com capacidade de manipular geneticamente a vida dos seres vivos e de criar uma rede de comunicações de alcance mundial. O ritmo é acelerado, com mudanças vertiginosas (34). Isso traz conseqüências para todos os âmbitos da vida social, com impacto sobre a cultura, a economia, a política, as ciências, a educação, o esporte, as artes e também sobre a religião (35).[4]

Neste novo contexto social, a realidade se tornou para o ser humano cada vez mais opaca e complexa, obrigando-nos a olhá-la com mais humildade, superando simplificações ideológicas. Apresenta-se a dificuldade da consciência unir todos os fragmentos dispersos, que nos vêm por uma avalanche de informações (36). A fragmentação (36) gerou uma crise de sentido, pois há uma multiplicidade de sentidos parciais (37). A religião e a cultura são dois âmbitos que dão unidade ao todo, mas também vêem suas tradições desmoronar-se (38), além de já não serem mais transmitidas de geração em geração. Os meios de comunicação invadiram todos os espaços; ao lado da sabedoria das tradições, agora competem a informação do último minuto, a distração, o lazer, a imagem de famosos que triunfaram (39). Há conseqüências sobre a família, com a "ideologia de gênero", segundo a qual cada um pode escolher sua orientação sexual, ferindo a dignidade do matrimônio, o direito à vida e a identidade da família (40).

Os cristãos precisam recomeçar a partir de Jesus Cristo, que nos revelou o sentido e a vocação da pessoa humana (41), pois a sociedade crê que pode funcionar

---

[4] Neste número, substituiu-se: "Não nos corresponde, como pastores da Igreja, fazer uma análise técnica deste complexo fenômeno e de suas causas, ainda que seja importante e necessário para uma ação evangelizadora conseqüente com a realidade. Interessa-nos antes saber como a vida de nossos povos e o sentido religioso e ético de nossos irmãos, que buscam infatigavelmente o rosto de Deus e que, entretanto, devem fazê-lo agora interpelados por novas linguagens do campo técnico, que nem sempre revelam, antes ocultam, o sentido divino da vida humana redimida em Cristo". Por: "Interessa-nos, como pastores da Igreja, saber como este fenômeno afeta a vida de nossos povos e o sentido religioso e ético de nossos irmãos que buscam infatigavelmente o rosto de Deus, e que, no entanto, devem fazê-lo, agora desafiados por novas linguagens do domínio técnico, que nem sempre revelam, mas que também ocultam o sentido divino da vida humana redimida em Cristo".

"como se Deus não existisse". Mas ela, ainda com as tecnologias mais avançadas, não consegue responder à vocação humana, reunir o conjunto de todos os significados parciais da realidade em uma compreensão unitária (42).

2.1.1 Situação sociocultural

A situação atual de globalização tem um impacto sobre a variedade e a riqueza das culturas latino-americanas. Está em jogo não propriamente a diversidade, mas a possibilidade de essa diversidade de sentidos convergir para uma síntese ou destino histórico comum (43).

A mudança de época se manifesta, sobretudo, no âmbito cultural, pois se desfaz a concepção integral do ser humano, em sua relação com o mundo e com Deus. Surge uma supervalorização da subjetividade individual. O individualismo enfraquece os vínculos comunitários. Deixa-se de lado a preocupação pelo bem comum, suplantada pela busca de realização imediata dos desejos pessoais (44). Veicula-se pelos meios de comunicação de massa um sentido estético, uma determinada visão da realidade, da felicidade, e uma linguagem, que querem impor-se como uma autêntica cultura, destruindo os processos de construção cultural que nascem do intercâmbio pessoal e coletivo (45). Verifica-se uma espécie de colonização cultural pela imposição de culturas artificiais, desprezando as culturas locais e impondo uma cultura homogeneizada, que conduz à indiferença do outro por ser produzida por quem não necessita e não se sente responsável. Prefere-se viver o presente, no imediatismo, sem projetos a longo prazo (46), sem preocupação com critérios éticos (47) e, portanto, sem compromissos com as pessoas, a família e a comunidade (46).

Situação precária é a das mulheres submetidas a múltiplas formas de violência, dentro e fora de casa: tráfico, violação, escravidão, acosso sexual, subvalorização no trabalho, na política e na economia, e objeto de lucro nos meios de comunicação social (48). As mudanças culturais modificaram os papéis tradicionais dos homens e das mulheres (49). O consumismo desperta desejos irrealizáveis, confundindo felicidade com bem-estar econômico e satisfação hedonista (50), fazendo crescer a lógica do individualismo pragmático e narcisista (51). Em meio às mudanças culturais, emergem novos sujeitos, com novos estilos de vida, maneiras de pensar, de sentir, de perceber, e com novas formas de relacionar-se. São produtores e atores de uma nova cultura (51).

Nessa mudança cultural aparece o valor fundamental da pessoa,[5] de sua consciência e experiência, a busca do sentido da vida e da transcendência, resultado do fracasso das respostas dadas pelas ideologias dominantes (52).

A riqueza e a diversidade culturais de nossos povos são evidentes: culturas indígenas (apego à terra, vida comunitária e uma certa procura de Deus[6]), afro-americanas (expressividade corporal, arraigo familiar e sentido de Deus), campesinas (ciclo agrário), mestiças (convergência das culturas originárias em uma história compartilhada) (56), urbanas (híbrida, dinâmica e cambiante) e suburbanas (fruto de migrações, com problemas de identidade, pertença e relação) (58). Soma-se a elas, a contribuição de comunidades de migrantes, que têm trazido culturas e tradições de suas terras de origem, marcadas pelo cristianismo e outras religiões (59). Essas culturas coexistem de modo desigual com a chamada cultura globalizada, que se impõe através dos meios de

---

[5] Suprimiu-se: ... o valor fundamental "da subjetividade".

[6] Acrescentou-se: "e por uma certa procura de Deus".

comunicação. Isso exige que sejam dinâmicas e estejam em interação permanente com as diferentes propostas culturais (57).

2.1.2 Situação econômica

Como disse o Papa em seu *Discurso Inaugural*, a globalização tem seu lado positivo: favorece o acesso a novas tecnologias, mercados e finanças, gerando altas taxas de crescimento e contribuindo com a aspiração do ser humano à unidade. Mas tem seu lado negativo: comporta o risco de grandes monopólios e a transformação do lucro em valor supremo (60). Em seu seio, a dinâmica do mercado absolutiza a eficácia e a produtividade como valores reguladores de todas as relações humanas, convertendo-se em um processo promotor de iniquidades e injustiças múltiplas (61).

Do ponto de vista social, a globalização concentra o poder e a riqueza nas mãos de poucos, inclusive o conhecimento e as novas tecnologias, produzindo a exclusão, aumentando as desigualdades e a pobreza de multidões (62). As pequenas e médias empresas são obrigadas a associar-se ao dinamismo exportador da economia ou a aproveitar nichos específicos de mercado interno. Entretanto, sua fragilidade econômica e financeira torna-as extremamente vulneráveis diante das taxas de juros, do risco do câmbio, dos custos provisionais e da variação nos preços dos insumos, aumentando o desemprego (63).

É preciso promover uma globalização diferente, marcada pela solidariedade, pela justiça e pelo respeito aos direitos humanos, fazendo da América Latina e do Caribe não só o "Continente da esperança", mas também o "Continente do amor" (Bento XVI, *Discurso Inaugural*) (64). Essa exigência nos leva a contemplar os rostos daqueles que sofrem: comunidades indígenas e afro-americanas tratadas sem dignidade e igualdade de condições; mulheres excluídas, por razões de sexo, raça ou situação econômica; jovens com educação de baixa qualidade, sem possibilidades de entrar no mercado de trabalho e de constituir família; pobres, desempregados, migrantes, desalojados, sem-terra, que buscam sobreviver na economia informal; crianças submetidas à prostituição infantil e ao aborto; milhões de pessoas e famílias que vivem na miséria e inclusive passam fome; dependentes de drogas, deficientes físicos, portadores do HIV, tuberculose e malária, excluídos da convivência familiar e social; seqüestrados, vítimas da violência, do terrorismo, de conflitos armados e da insegurança urbana; idosos, excluídos do sistema de produção e muitas vezes rejeitados por suas famílias; presidiários em situação desumana. Uma globalização sem solidariedade afeta negativamente os setores mais pobres. Já não se trata do fenômeno da exploração e opressão, mas de algo novo, a exclusão social. Os excluídos não são somente "explorados", mas "supérfluos" e "descartáveis" (65).

As instituições financeiras e as empresas transnacionais se fortalecem a ponto de subordinar as economias locais, sobretudo debilitando os Estados, que se tornam cada vez mais impotentes para implementar projetos a serviço de sua população. Com freqüência se subordina a preservação da natureza ao desenvolvimento econômico, causando danos à biodiversidade, o esgotamento das reservas de água e de outros recursos naturais, a contaminação do ar e a mudança climática (66).

No seio da globalização, os Tratados de Livre Comércio entre economias assimétricas não beneficiam os países mais pobres, além de permitir o direito de patente sobre a vida em todas as suas formas, como já acontece com a manipulação de organismos geneticamente modificados (67). Os elevados serviços da dívida externa e interna têm limitado o financiamento dos orçamentos públicos (68). A atual concentração de renda e riqueza se dá principalmente pelos mecanismos do sistema financeiro, na medida em que se favorece o capital especulativo (69).[7]

É também alarmante o nível de corrupção, tanto do setor público como do privado, em uma notável falta de transparência e prestação de contas aos cidadãos. Muitas vezes, a corrupção está vinculada ao narcotráfico ou ao narconegócio, que destrói o tecido social e econômico (70).

Na América Latina e no Caribe, o subemprego atinge 42% da população; o desemprego, 9%; e o trabalho informal, quase a metade da população. O trabalho formal vê-se submetido à precariedade das condições de emprego e a pressão constante da subcontratação. Nesse contexto, os sindicatos perdem o poder para defender os direitos dos trabalhadores (71). Os agricultores, em sua maioria, estão na pobreza, sem terra, ao lado de grandes latifúndios em mãos de poucos. Os Tratados de Livre Comércio têm agravado essa situação (72).

Um dos fenômenos mais importantes em nossos países é o da mobilidade humana, em que milhões de pessoas são forçadas a migrar dentro e para fora de seus

---

[7] Substituiu-se, neste número: "... a Economia Social de Mercado continua sendo uma forma idônea de organizar o trabalho, o conhecimento e o capital para satisfazer as autênticas necessidades humanas"; por: "o objeto da economia é a formação da riqueza e seu incremento progressivo, em termos não só quantitativos, mas qualitativos: tudo é moralmente correto se está orientado para o desenvolvimento global e solidário do homem e da sociedade na qual vive e trabalha. O desenvolvimento, na verdade, não pode se reduzir a um mero processo de acumulação de bens e de serviços. Ao contrário, a pura acumulação, ainda que para o bem comum, não é uma condição suficiente para a realização de uma autêntica felicidade humana".

respectivos países. As causas estão na precária situação econômica, na violência e na falta de oportunidades para o desenvolvimento profissional. A exploração do trabalho faz da situação de muitos emigrados uma verdadeira escravidão. Por outro lado, a remessa de divisas dos emigrados a seus países tem se tornado uma importante e, às vezes, insubstituível fonte de recursos para muitos dos que ficaram (73).

2.1.3 Situação sociopolítica

Fato positivo é o fortalecimento dos regimes democráticos.[8] Entretanto, preocupam o acelerado avanço de diversas formas de regressão autoritária por via democrática, de tendência neopopulista. Não basta a democracia formal; é necessária uma democracia participativa e baseada na promoção e respeito dos direitos humanos (74). Está se fortalecendo a democracia participativa e criando-se maiores espaços de participação política, com a presença mais protagonista da sociedade civil e a irrupção de novos sujeitos sociais como os indígenas, os afro-americanos, as mulheres, os profissionais, a classe média e diversos setores marginalizados organizados. Percebe-se uma crescente influência de Organismos da ONU e de ONGs de caráter internacional, mas que nem sempre se ajustam a critérios éticos (75).

Depois de uma época de debilitamento dos Estados, pela aplicação de ajustes estruturais da economia, recomendados por organismos financeiros internacionais, vê-se um esforço destes mesmos Estados em definir e aplicar políticas públicas nos campos da saúde, educação,

---

[8] Substituiu-se: "Constatamos, como fato positivo, o fortalecimento dos regimes democráticos em muitos países da América Latina e do Caribe, como comprovam os últimos processos eleitorais"; por: "Constatamos um certo progresso democrático que se demonstra em diversos processos eleitorais".

alimentação, previdência social, acesso à terra e à moradia, criação de emprego e leis que favorecem as organizações solidárias. É sintoma de que não pode haver democracia verdadeira sem justiça social, sem divisão real dos poderes e sem vigência do Estado de direito (76).

Fator negativo é o recrudescimento da corrupção na sociedade e no Estado, que envolve os poderes legislativos, executivos e judiciários, que se põem do lado dos poderosos e geram impunidade, comprometendo a credibilidade das instituições públicas e favorecendo o descrédito do povo. Em decorrência, cresce, sobretudo entre os jovens, o desencanto pela política e particularmente pela democracia (77). A vida social, em convivência harmônica, está se deteriorando com o crescimento da violência, que se manifesta em roubos, assaltos, seqüestros e assassinatos. Entre suas causas estão a idolatria do dinheiro, o individualismo e o utilitarismo, o desrespeito à dignidade da pessoa, a deterioração do tecido social, a corrupção e a falta de políticas públicas para a eqüidade social (78).

Na América Latina e no Caribe, o que causa esperança é a crescente busca de integração regional, auxiliada pela proximidade cultural, lingüística e religiosa (82).

2.1.4 Biodiversidade, ecologia, Amazônia e Antártida

A América Latina possui uma das maiores biodiversidades do planeta. Pela diversidade cultural, possui um grande acervo de conhecimentos tradicionais sobre a utilização dos recursos naturais e o valor medicinal de plantas e outros organismos vivos, muitos dos quais são a base de sua economia. Tais conhecimentos são atualmente objetos de apropriação ilícita, sendo patenteados por indústrias farmacêuticas e de biogenética, gerando a vulnerabilidade dos agricultores e suas famílias (83).

Nas decisões sobre as riquezas da biodiversidade e da natureza, as populações nativas têm sido excluídas. A natureza continua sendo agredida; a terra, depredada; a água é tratada pelas empresas como mercadoria ou disputada pelas grandes potências, como é o caso da Amazônia (84), agredida na dignidade de seus povos (85) e ameaçada de internacionalização (86). Além disso, o degelo no mundo todo é preocupante, como do Ártico, afetado em sua flora e fauna. O aquecimento global faz-se sentir especialmente no degelo ártico (87).

2.1.5 Presença dos povos indígenas e afro-americanos na Igreja

Os indígenas constituem a população mais antiga do Continente e são a raiz primeira da identidade latino-americana e caribenha. Outra raiz, que são os povos afro-americanos, foi arrancada da África e trazida para cá como gente escrava. A terceira raiz é formada pela população pobre que migrou da Europa, a partir do século XVI, e pelo grande fluxo de migrantes do mundo inteiro, desde meados do século XIX. De todos esses povos surgiu a mestiçagem, que é base social e cultural de nossos povos (88).

Entretanto, os indígenas e afro-americanos ainda carecem de reconhecimento, pois a sociedade tende a menosprezá-los. Sua situação social está marcada pela exclusão e pela pobreza (89). Ainda hoje, continuam ameaçados em sua existência física, cultural e espiritual, em seus modos de vida, em suas identidades, em sua diversidade, em seus territórios e projetos. As transformações culturais provocam a rápida desaparição de algumas culturas e línguas, fenômeno agravado pela migração, forçada pela pobreza (90).

Os indígenas e afro-americanos emergem agora na sociedade e na Igreja. A Igreja precisa aprofundar seu encontro com eles, que reivindicam o reconhecimento pleno de seus direitos individuais e coletivos, serem levados em conta na catolicidade com sua cosmovisão, seus valores e identidades particulares, para viver um novo Pentecostes eclesial (91). Como Igreja que assume a causa dos pobres, estimulamos a participação dos indígenas e afro-americanos na vida eclesial. Vemos com esperança o processo de inculturação. Necessita-se promover mais as vocações e os ministérios ordenados procedentes dessas culturas (94).

Com esses povos é preciso fomentar o diálogo intercultural, inter-religioso e ecumênico (95), pois sua história está perpassada por uma exclusão social, econômica, política e, sobretudo, racial, em que a identidade ética é fator de subordinação social. Permanece no imaginário coletivo uma mentalidade colonial.[9] Assim sendo, descolonizar as mentes é a condição para a afirmação da plena cidadania destes povos (96). Com relação às comunidades afro-americanas, o movimento pelo resgate das identidades, dos direitos civis e contra o racismo faz das mulheres e homens negros sujeitos construtores de sua história e de uma nova história no Subcontinente (97).

---

[9] Substituiu-se: "Permanece ainda nos imaginários coletivos uma mentalidade e uma visão colonial com relação aos povos originários e afro-americanos", por: "Permanece, em alguns casos, uma mentalidade e um certo olhar de menor respeito em relação aos indígenas e afro-americanos".

2.2 Situação de nossa Igreja nesta hora histórica de desafios

A Igreja, apesar de suas deficiências e ambigüidades em alguns de seus membros,[10] tem exercido um serviço, particularmente aos mais pobres, no esforço de promover sua dignidade nos campos da saúde, da economia solidária, da educação, do trabalho, do acesso à terra, da cultura, da habitação e da assistência, entre outros. Com sua voz, unida à de outras instituições nacionais e internacionais, tem ajudado a promover a justiça, os direitos humanos e a reconciliação dos povos. Por isso, em muitas ocasiões, tem sido reconhecida socialmente como uma instância de confiança e credibilidade. Seu empenho em favor dos pobres, em muitos casos, redundou em perseguição e morte de muitos, que consideramos testemunhas da fé. São nossos santos e santas ainda não canonizados (98).

Dos esforços pastorais, destacamos como frutos:

a) A animação bíblica da pastoral, que contribui para um maior conhecimento da Palavra, e a renovação da catequese, com uma melhor formação dos catequistas.

b) A renovação litúrgica, que acentuou a dimensão celebrativa e festiva da fé cristã, centrada no mistério pascal. Crescem as manifestações da religiosidade popular. Foram feitos esforços para inculturar a liturgia nos povos indígenas e afro-americanos.

c) A santidade de muitos presbíteros, em seu testemunho de vida, trabalho missionário e criatividade pastoral, particularmente daqueles em lugares carentes e distantes. O diaconato permanente. Ministérios confiados

---

[10] Acrescentou-se: "em alguns de seus membros".

aos leigos,[11] como os "delegados da Palavra", animadores de assembléia de CEBs, movimentos eclesiais[12] e pastorais específicas. É significativo o testemunho da vida consagrada, sua contribuição na pastoral e sua presença em situações de pobreza, de risco e de fronteira.

d) A abnegada entrega de tantos missionários e missionárias, também na missão *ad gentes*.

e) Os esforços crescentes de renovação pastoral nas paróquias, em diversos métodos de nova evangelização, transformando-se em comunidade de comunidades evangelizadas e missionárias. Constata-se o florescimento das CEBs[13] e a valorização dos movimentos eclesiais e novas comunidades. Tomou-se consciência da importância da pastoral familiar, do menor e da juventude.

f) O interesse, cada vez maior, de leigos e leigas por sua formação teológica, também na Doutrina Social da Igreja, tornando-se verdadeiros missionários da caridade. A pastoral social ganhou novo impulso, enriquecida pelo voluntariado. Desenvolveu-se uma pastoral da comunicação social, com a aquisição também de meios próprios, especialmente rádio e televisão.

g) O avanço de muitas Igrejas locais na pastoral orgânica, pela diversificação da organização eclesial e pela criação de comunidades e organismos pastorais. Ainda que em escala menor, desenvolveu-se o diálogo

---

[11] Substituiu-se: "ministérios laicais", por: "ministérios confiados aos leigos".
[12] Acrescentou-se: "movimentos eclesiais".
[13] Substitui-se: "Constata-se, em muitos lugares, um florescimento de CEBs", por: "... em alguns lugares". E acrescentou-se: "segundo o critério das Conferências Gerais anteriores".

ecumênico e inter-religioso,[14] inclusive com a criação de escolas de ecumenismo. Em contraposição ao materialismo, manifesta-se uma busca de espiritualidade, de oração e de mística. Há um profundo sentimento de solidariedade, que caracteriza nossos povos (99).

Ao lado dos aspectos positivos, observamos sombras:

a) 43% dos católicos do mundo estão na América Latina e no Caribe. Entretanto, o crescimento do número de católicos não está em proporção com o crescimento da população. Também o aumento do clero, em especial das religiosas, se distancia cada vez mais do crescimento da população no Subcontinente.

b) As tentativas de voltar a uma eclesiologia e espiritualidade contrárias à renovação do Concílio Vaticano II.[15] Também algumas leituras e aplicações reducionistas da renovação conciliar. A ausência de uma autêntica obediência, infidelidades à doutrina, à moral e à comunhão.[16] Nossas débeis vivências da opção preferencial pelos pobres. As recaídas secularizantes na vida consagrada.[17]

c) O escasso acompanhamento aos leigos em suas tarefas de serviço à sociedade. Uma evangelização com pouco ardor e sem novos métodos e expressões, com

---

[14] Acrescentou-se:"Também o diálogo inter-religioso, quando segue as normas do Magistério, pode enriquecer os participantes em diversos encontros".

[15] Substituiu-se:"Lamentamos certo clericalismo, algumas tentativas de voltar a uma eclesiologia e espiritualidade anteriores ao Concílio Vaticano II", por:"Lamentamos, seja algumas tentativas de voltar a um certo tipo de eclesiologia e espiritualidade contrárias à renovação do Concílio Vaticano II, seja…".

[16] Suprimiu-se, neste item:"lamentamos a ausência de um sentido de autocrítica"; "os moralismos que debilitam a centralidade de Jesus Cristo";"a discriminação da mulher e sua ausência freqüente nos organismos pastorais".

[17] Acrescentou-se: … recaídas secularizantes na vida consagrada"influenciada por uma antropologia meramente sociológica e não evangélica".

ênfase no ritualismo,[18] sem itinerário formativo. Uma espiritualidade individualista. Uma mentalidade relativista no ético e no religioso. A falta de aplicação da Doutrina Social da Igreja.

d) Uma linguagem pouco significativa para a cultura atual e em particular para os jovens, não levando em conta a crise da modernidade. A falta de presença, no campo da cultura, do mundo universitário e da comunicação social.

e) O número insuficiente de presbíteros e a má distribuição impossibilitam o acesso de muitíssimas comunidades à Eucaristia. Muitos católicos vivem e morrem sem assistência da Igreja. Enfrentam-se dificuldades na sustentação econômica das estruturas pastorais, agravada pela falta de comunhão de bens nas Igrejas locais e entre elas. Não se assume suficientemente a pastoral carcerária, do menor e dos migrantes. Falta uma sólida estrutura de formação dos agentes de pastoral.[19] Os movimentos eclesiais nem sempre se integram na pastoral paroquial e diocesana; falta também abertura a eles.

f) Causa preocupação o número de pessoas que perderam o sentido da vida e abandonaram a religião, bem como o número de católicos que deixam a Igreja para aderir a outros grupos religiosos.

g) Entretanto, ainda que exista grande quantidade de grupos pseudocristãos, nem todos podem ser classificados da mesma forma.[20]

---

[18] Substituiu-se: ... com ênfase no "sacramentalismo", por: "ritualismo".

[19] Suprimiu-se: "dos fiéis e outros agentes de pastoral e uma evangelização mais inculturada em todos os níveis, particularmente nas culturas indígenas e afro-americanas".

[20] Substituiu-se: "não é adequado chamá-las simplesmente de seitas", por: "não é adequado englobar todas em uma única categoria de análise".

h) É preciso reconhecer que os católicos, algumas ocasiões,[21] não vivem conforme o Evangelho, que requer um estilo de vida fiel à verdade e à caridade, austero e solidário. Também falta coragem, persistência e docilidade para continuar a renovação iniciada pelo Vaticano II e impulsionada pelas demais Conferências Gerais anteriores, em vista de um rosto latino-americano e caribenho de nossa Igreja (100).

---

[21] Substituiu-se: "muitas vezes", por: "em algumas ocasiões".

Segunda parte

A vida de Jesus Cristo nos discípulos missionários

CAPÍTULO III
A alegria de ser discípulos missionários para anunciar o Evangelho de Jesus Cristo

Diante das incertezas atuais, Jesus é o "Caminho, a Verdade e a Vida" (101). A Palavra feita carne, verdadeiro Deus e verdadeiro homem. Sua entrega radical de si mesmo em favor de todos foi consumada em sua morte e ressurreição. Por sua paixão, morte e ressurreição, ele é o Salvador, o único Mestre (102). Ele é o primeiro e o maior evangelizador, o Evangelho do Pai. Suas palavras são Espírito e Vida. Somos missionários para proclamar seu Evangelho, a Boa-Nova da dignidade humana, da vida, da família, do trabalho, da ciência e da solidariedade da Criação (103).

3.1 A Boa-Nova da dignidade humana

Deus nos criou à sua imagem e semelhança, livres, sujeitos de direitos e deveres. Associou-nos à continuidade da obra da Criação, dando-nos inteligência e capacidade para amar. Em Jesus, fez-nos filhas e filhos, redimidos com o preço de seu sangue (104). Louvamos a Deus por todos os que trabalham incansavelmente na defesa da dignidade da pessoa, especialmente dos pobres e marginalizados (105).

3.2 A Boa-Nova da vida

A vida é dom e é dignificada quando é posta a serviço dos outros, como expressa o espírito alegre de nossos povos que amam a música, a dança, a poesia, a arte, o esporte e cultivam a esperança em meio a problemas e lutas (106). No mistério do Verbo encarnado, revela-se o mistério do ser humano (107), que pode ser intuído pela lei natural escrita em seu coração. Todo ser humano tem direito à vida, do início até seu fim natural[22] (108).

Diante de uma vida sem sentido, Jesus nos revela a intimidade com Deus, na comunhão trinitária; diante do desespero da morte como um fim, Jesus nos oferece a ressurreição e a vida eterna; diante da idolatria dos bens terrenos, Jesus apresenta a vida em Deus como um valor supremo (109). Diante do subjetivismo hedonista, Jesus propõe entregar a vida para ganhá-la; diante do individualismo, Jesus convoca a viver e caminhar juntos (110). Diante da exclusão, Jesus defende o direito dos fracos e vida digna para todos. Diante das estruturas de morte, Jesus faz presente a vida plena (112). Diante da natureza ameaçada, Jesus nos convoca a cuidar da terra para que seja casa e sustento de todos (113).

---

[22] Acrescentou-se: ... do início até seu fim "natural".

3.3 A Boa-Nova da família

Deus criou o ser humano, homem e mulher. Pertence à natureza humana que se busque um no outro sua reciprocidade e complementaridade (116).

O amor humano encontra sua plenitude quando participa do amor divino, do amor de Jesus que se entrega solidariamente por nós, em seu amor, pleno até o fim. O amor conjugal é a doação recíproca entre um homem e uma mulher – os esposos; é fiel e exclusivo até a morte, fecundo, aberto à vida e à educação dos filhos, imagem do amor fecundo da Santíssima Trindade (117). Da família recebemos a vida, que é a primeira experiência do amor e da fé, uma responsabilidade dos pais (118).

3.4 A Boa-Nova da atividade humana

3.4.1 O trabalho

Pelo trabalho, Deus nos associa à sua obra criadora. Jesus, o carpinteiro, dignificou o trabalho e o trabalhador, recordando que o trabalho constitui uma dimensão fundamental da pessoa humana, fator de realização pessoal (120). Ele serve não só ao progresso, mas também à santificação pessoal e à construção do Reino de Deus. O desemprego, a injusta remuneração e não querer trabalhar são contra os desígnios de Deus. Também os deficientes têm direito ao trabalho, segundo suas possibilidades (121). Assim, a atividade empresarial é boa quando respeita a dignidade do trabalhador, o cuidado com o meio ambiente e se ordena ao bem comum; perverte-se ao visar só ao lucro, atentando contra os direitos dos trabalhadores e a justiça (122).

3.4.2 A ciência e a tecnologia

A ciência e a tecnologia oferecem uma imensa quantidade de bens e valores culturais, contribuindo para prolongar a expectativa de vida e sua qualidade. Entretanto, ela não tem todas as respostas às perguntas do ser humano, que só podem vir de uma razão e ética integrais, iluminadas pela revelação (123). Hoje, se constata que nenhum conhecimento é completamente autônomo, abrindo terreno para um profícuo diálogo entre teologia e ciências sociais (124).

3.5 A Boa-Nova do destino universal dos bens e da ecologia

Deus criou o universo como espaço para a vida e a convivência de todos, sinal de sua bondade e de sua beleza. Também a Criação é amor e nos foi entregue para que cuidemos dela e a transformemos em fonte de vida digna para todos. Atentar contra o equilíbrio que Deus estabeleceu na Criação é uma ofensa ao Criador, um atentado contra a biodiversidade, a vida. Nossa tarefa é contemplá-la, cuidá-la e utilizá-la, respeitando a ordem do Criador (125). A melhor forma de respeitar a natureza é promover uma ecologia humana, aberta à transcendência, conforme à indicação paulina de recapitular todas as coisas em Cristo. O destino universal dos bens exige a solidariedade com a geração presente e as futuras (126).

3.6 O Continente da esperança e do amor

Alenta nossa esperança a religiosidade de nossos povos, a multidão de nossas crianças, os ideais de nossos jovens e o heroísmo de muitas famílias que, apesar das dificuldades, continuam fiéis ao amor (127). Ressalta a vitalidade da Igreja que peregrina na América Latina, em sua opção pelos pobres, paróquias, comunidades, associações, movimentos, novas comunidades e em seus múltiplos serviços sociais e educativos. Somos gratos a Deus pela comunhão e comunicação de povos e culturas indígenas e pelo protagonismo das mulheres, dos indígenas, dos afro-americanos, dos agricultores e da população suburbana (128).

CAPÍTULO IV
A vocação dos discípulos missionários à santidade

4.1 Chamados ao seguimento de Jesus Cristo

O chamado de Jesus tem uma grande novidade. Diferente dos Mestres da Lei, não é o discípulo que elege o mestre, mas é ele quem chama, para estar com ele e vincular-se à sua missão, enquanto chamados e enviados (131). A parábola da videira e os ramos mostra que Jesus não quer uma vinculação como servos, mas como "amigos" (partilhar sua vida) e "irmãos" (participar da vida do Ressuscitado) (132). A resposta a seu chamado exige entrar na dinâmica do Bom Samaritano, com o imperativo de fazermo-nos próximos, especialmente dos que sofrem, e gerar uma sociedade sem excluídos, seguindo a prática de Jesus, que acolhe os pequeninos, cura os leprosos, perdoa e liberta a mulher pecadora e fala com a Samaritana (135).

4.2 Parecidos com o Mestre

O chamado de Jesus e seu olhar amoroso buscam suscitar uma resposta consciente e livre por parte do discípulo e a adesão de toda a sua pessoa. É uma resposta de amor a quem o amou primeiro "até o extremo" (136). O Espírito Santo identifica-nos com Jesus-Verdade, ensinando-nos a renunciar a nossas mentiras e próprias ambições, bem como com Jesus-Vida, permitindo-nos abraçar o plano de amor (137).

Para configurar-se com o Mestre é necessário assumir a centralidade do Mandamento do Amor, o distintivo de todo cristão e a característica de sua Igreja (138). No seguimento de Jesus, aprendemos e praticamos as bem-aventuranças do Reino, o estilo de vida do próprio Jesus: seu amor e obediência ao Pai, sua compaixão diante da dor, sua proximidade aos pobres e aos pequenos, sua fidelidade à missão e seu amor serviçal até a entrega da vida (139). Identificar-se com Jesus é partilhar seu destino, inclusive até a cruz. Estimula-nos o testemunho de tantos missionários e mártires, de ontem e de hoje, em nossos povos, que partilharam a cruz de Cristo, até a entrega de sua vida (140).

4.3 Enviados a anunciar o Evangelho do Reino da vida

Jesus, com suas palavras e ações, inaugura o Reino de vida do Pai. No mistério pascal, o Cordeiro de Deus se faz salvação para nós e o Pai sela a nova aliança e gera um novo povo (143).

Ao chamar os discípulos, Jesus lhes dá uma missão: anunciar o Evangelho do Reino a todas as nações. Por isso, todo discípulo é missionário. Cumprir esta missão não é uma tarefa opcional, mas integrante da identidade cristã (144). A missão consiste em partilhar a experiência do acontecimento do encontro com Jesus Cristo, testemunhá-lo e anunciá-lo de pessoa em pessoa, de comunidade em comunidade e, da Igreja, aos confins do mundo (145). Discipulado e missão são duas faces de uma mesma moeda. Essa é a tarefa essencial da evangelização, que inclui a opção preferencial pelos pobres, a promoção humana e a autêntica libertação cristã (146).

A missão conduz ao coração do mundo, pois não é fuga da realidade, intimismo ou individualismo religioso, tampouco abandono da realidade urgente dos grandes problemas econômicos, sociais e políticos da América Latina e do mundo e, muito menos, uma fuga da realidade para um mundo exclusivamente espiritual (148).

4.4 Animados pelo Espírito Santo

Jesus, no início de sua vida pública, foi conduzido pelo Espírito Santo ao deserto, a fim de preparar-se para a sua missão. Esse mesmo Espírito acompanhou Jesus durante toda a sua vida. Uma vez ressuscitado, ele comunicou seu Espírito aos seus (149). Por sua vez, a partir de Pentecostes (150), a Igreja, enquanto marcada e selada com "Espírito Santo e fogo", continua a obra de Jesus. Assim, é o mesmo e único Espírito que guia e fortalece a Igreja no anúncio da Palavra, na celebração da fé e no serviço da caridade. Pela presença do Espírito, Deus assegura até a parusia seu projeto de vida, impulsionando a transformação da história (151). Da mesma forma que, desde o princípio, os discípulos haviam sido formados por Jesus no Espírito Santo, assim os seguidores de Jesus, hoje, devem deixar-se guiar constantemente pelo Espírito, continuando sua missão de anunciar a Boa-Nova aos pobres, curar os enfermos, consolar os tristes, libertar os cativos e anunciar a todos o ano da graça do Senhor (152).

CAPÍTULO V
A COMUNHÃO DOS DISCÍPULOS MISSIONÁRIOS NA IGREJA

5.1 Chamados a viver em comunhão

Jesus, no início de seu ministério, elege os doze para viver na comunhão com ele (154). Assim, os discípulos de Jesus são chamados a viver a comunhão com o Pai e o Filho, na comunhão do Espírito Santo. O mistério da Trindade é a fonte, o modelo e a meta do mistério da Igreja – sinal e instrumento da íntima união com Deus e da unidade de todo o gênero humano (155).

A vocação ao discipulado missionário é "con-vocação" à comunhão em sua Igreja. Não há discipulado sem comunhão, ao contrário dos que pensam os "cristãos sem Igreja" e as novas buscas espirituais individualistas. A fé nos liberta do isolamento do "eu", porque nos conduz à comunhão. Conseqüentemente, a pertença a uma comunidade concreta é uma dimensão constitutiva do acontecimento cristão (156). Ao receber a fé e o Batismo, somos chamados a viver e transmitir a comunhão com a Trindade, pois a evangelização é um chamado à participação da comunhão trinitária, na comunidade eclesial

(157). A comunhão da Igreja se nutre do Pão da Palavra e do Pão do Corpo de Cristo. Por isso, a Igreja que celebra a Eucaristia é "casa e escola de comunhão" (158).

A Igreja, como comunidade de amor, é chamada a refletir o amor de Deus, que é comunhão, e assim atrair as pessoas e os povos para Cristo. A Igreja cresce não por proselitismo, mas pela atração da força do amor de Cristo. A Igreja "atrai" quando vive em comunhão (159). A Igreja peregrina vive antecipadamente a beleza do amor, que se realizará no final dos tempos na perfeita comunhão com Deus e com as pessoas. Sua riqueza consiste em viver, já na história, a "comunhão dos santos". Fere a comunhão a participação esporádica de numerosos católicos (160). A diversidade dos carismas é dom do Espírito Santo, que contribui para a comunhão, quando colocados à disposição dos demais. Por isso, cada comunidade é chamada a descobrir e integrar os talentos escondidos e silenciosos com os quais o Espírito Santo presenteia os fiéis (162). A comunhão é missionária e a missão é para a comunhão (163).

5.2 Lugares eclesiais para a comunhão

5.2.1 A Diocese, lugar privilegiado da comunhão

A vida em comunidade é essencial à vocação cristã. O discipulado e a missão sempre supõem a pertença a uma comunidade. Deus não quis nos salvar isoladamente, mas formando um Povo. Por isso, a experiência de fé é sempre vivida em uma Igreja local (164). Reunida e alimentada pela Palavra e pela Eucaristia, a Igreja Católica existe e se manifesta em cada Igreja local (166), onde está toda a Igreja, ainda que não seja a Igreja toda. Para isso, ela deve estar em comunhão com as demais Igrejas locais.

Ela é a realização de toda a Igreja, em um determinado lugar, em comunhão com o Bispo de Roma[23] (165).

A Diocese, em todas as suas comunidades e estruturas, é chamada a ser uma comunidade missionária, saindo ao encontro de todos os que ainda não crêem em Cristo e dos batizados que não participam da vida das comunidades (168). A Diocese é o primeiro âmbito da comunhão e da missão, por isso, ela deve promover uma ação pastoral orgânica, renovada e vigorosa, de modo que a variedade dos carismas, ministérios, serviços e organizações se oriente a um projeto missionário comum. Todos – comunidades, paróquias, comunidades de vida consagrada, associações, movimentos, pequenas comunidades – devem se inserir na pastoral orgânica de sua Diocese, chamados a evangelizar de um modo harmônico e integrado no plano diocesano de pastoral (169).

5.2.2 A paróquia, comunidade de comunidades

Entre as comunidades eclesiais, sobressaem as paróquias. Elas são células vivas da Igreja, mas é preciso uma vigorosa renovação a fim de que sejam, de fato, espaços de iniciação cristã, educação e celebração da fé, abertas à diversidade dos carismas, serviços e ministérios; organizadas de maneira comunitária e responsável; integradoras de movimentos; abertas à diversidade cultural e a projetos pastorais suprarroquiais e das realidades circundantes (170).[24]

A renovação das paróquias exige reformular suas estruturas, para que seja rede de comunidades e grupos

---

[23] Substituiu-se: "em comunidade com o Bispo de Roma", por: "em comunhão".

[24] Acrescentou-se, neste número: As paróquias "são chamadas a ser casas e escolas de comunhão".

(172),[25] comunidades missionárias. É limitado o número de católicos que acorrem à celebração dominical e imenso o número dos distantes e dos que não conhecem a Jesus Cristo. A renovação missionária das paróquias impõe a criação de novas estruturas pastorais no mundo urbano, dado que muitas delas nasceram para responder às necessidades do mundo rural (173).

Os melhores esforços das paróquias devem estar na convocação e na formação de missionários leigos, multiplicando o número deles, para que se possa evangelizar: o complexo mundo do trabalho, da cultura, das ciências e das artes, da política, dos meios de comunicação e da economia, assim como as esferas da família, da educação, da vida profissional, sobretudo nos contextos onde a Igreja se faz presente somente por eles (174). Desafia a paróquia uma evangelização integral, pois a imensa maioria do nosso Continente vive o flagelo da pobreza. Ela não pode estar alheia aos grandes sofrimentos que padecem a maioria de nossa gente que, freqüentemente, são pobrezas escondidas (176).[26]

5.2.3 Comunidades Eclesiais de Base e Pequenas Comunidades

Na experiência eclesial da América Latina,[27] as CEBs têm sido verdadeiras escolas que formam cristãos comprometidos com sua fé,[28] discípulos e missionários, como testemunhas de uma entrega generosa, até mesmo

---

[25] Acrescentou-se, neste número: Toda paróquia está chamada a ser um espaço onde "se celebra e se expressa na adoração ao Corpo de Cristo...".

[26] Substituiu-se, neste número: mistério do Filho de Deus feito "pobre", por: feito "homem".

[27] Acrescentou-se: "de algumas" Igrejas da América Latina.

[28] Acrescentou-se: "têm ajudado a formar cristãos comprometidos com sua fé".

com o derramar do sangue de muitos membros seus. Elas resgatam a experiência das primeiras comunidades, conforme os Atos dos Apóstolos. Medellín reconheceu nelas uma célula inicial de estruturação eclesial e foco de fé[29] e evangelização. Elas permitem ao povo chegar a um conhecimento maior da Palavra de Deus, ao compromisso social em nome do Evangelho, ao surgimento de novos serviços leigos e à educação da fé dos adultos (178).[30]

As CEBs têm a Palavra de Deus como fonte de sua espiritualidade, demonstram seu compromisso evangelizador e missionário entre os mais simples e afastados e são expressão visível da opção preferencial pelos pobres. São fonte e semente de variados serviços e ministérios, em favor da vida, na sociedade e na Igreja (179).[31]

---

[29] Acrescentou-se: foco de "fé" e evangelização.

[30] Suprimiu-se, no final deste número: "Arraigadas no coração do mundo, são espaços privilegiados para a vivência comunitária da fé, mananciais de fraternidade e de solidariedade, alternativa à sociedade atual, fundada no egoísmo e na competição desmedida". E, acrescentou-se: "Puebla constatou que as pequenas comunidades, sobretudo as CEBs, permitiram ao povo chegar a um conhecimento maior da Palavra de Deus, ao compromisso social em nome do Evangelho, ao surgimento de novos serviços leigos e à educação da fé dos adultos, no entanto, também constatou que não têm faltado membros de comunidade ou comunidades inteiras que, atraídos por instituições puramente leigas ou radicalizadas ideologicamente, foram perdendo o sentido eclesial".

[31] Neste número suprimiu-se: "Queremos decididamente reafirmar e dar novo impulso à vida e missão profética e santificadora das CEBs"; "Elas têm sido uma das grandes manifestações do Espírito na Igreja da América Latina e o Caribe, após o Vaticano II"; "Depois do caminho percorrido até o momento, com conquistas e dificuldades, é o momento de uma profunda renovação desta rica experiência eclesial em nosso Continente, para que não percam sua eficácia missionária, antes que a aperfeiçoem e a enriqueçam, de acordo com as sempre novas exigências dos tempos". Substituiu-se: "As CEBs, em comunhão com seu bispo e o projeto de pastoral diocesana, são um sinal de vitalidade na Igreja, instrumento de formação e de evangelização, e um ponto de partida válido para a Missão Continental permanente"; por: "Mantendo-se em comunhão com seu bispo e inserindo-se no projeto de pastoral diocesana, as CEBs se convertem em um sinal de vitalidade na Igreja particular. Atuando, dessa forma, juntamente com os grupos paroquiais, associações e movimentos eclesiais, podem contribuir para revitalizar as paróquias, fazendo das mesmas uma comunidade de comunidades"; substituiu-se também: "Elas poderão revitalizar a paróquia, desde seu interior, fazendo das mesmas uma comunidade de comunidades", por: "Atuando, assim, juntamente com os grupos

Como resposta às exigências da evangelização, junto com as CEBs, existem outras formas válidas de pequenas comunidades, inclusive redes de comunidades, movimentos,[32] grupos de vida, de oração e de reflexão da Palavra de Deus (180).[33]

5.2.4 As Conferências Episcopais e a comunhão entre as Igrejas

Na Conferência Episcopal, os bispos encontram seu espaço de discernimento solidário sobre os grandes problemas da sociedade e da Igreja e o estímulo para oferecer orientações pastorais, que animem todo o Povo de Deus a assumir sua vocação de discípulos missionários (181). Além disso, nela encontram o espaço para expressar sua solicitude para com todas as Igrejas, especialmente com as mais próximas (182). Por sua vez, o Celam é um organismo eclesial de fraterna ajuda episcopal,[34] cuja preocupação fundamental é colaborar para a evangelização do Continente (183).

---

paroquiais, associações e movimentos eclesiais, podem contribuir para revitalizar as paróquias, fazendo delas, uma comunidade de comunidades". E, acrescentou-se, ao final do número: "Em seu esforço de corresponder aos desafios dos tempos atuais, as CEBs terão cuidado para não alterar o tesouro precioso da Tradição e do Magistério da Igreja".

[32] Acrescentou-se: "movimentos".

[33] Substituiu-se: "Junto com as CEBs, há outras 'variadas' formas de pequenas comunidades", por: "outras 'válidas' formas"; substituiu-se, também: "A experiência positiva destas comunidades torna necessária uma especial atenção para que tenham a Eucaristia como centro de sua vida e cresçam em solidariedade e integração eclesial e social"; por: "Todas as comunidades e grupos eclesiais darão fruto na medida em que a Eucaristia seja o centro de sua vida e a Palavra de Deus seja o farol de seu caminho e sua atuação na única Igreja de Cristo".

[34] Substituiu-se: ... o Celam é um organismo de "fraterna colegialidade episcopal", por: "fraterna ajuda episcopal".

5.3 Discípulos missionários com vocações específicas

5.3.1 Os bispos, discípulos missionários de Jesus Sumo Sacerdote

Os bispos, juntamente com todos os fiéis, em virtude do Batismo, são, antes de tudo, discípulos e membros do Povo de Deus – "com vocês sou cristão; para vocês sou bispo" (Santo Agostinho) (186). Eles são chamados a fazer da Igreja uma casa e escola de comunhão. Como animadores da comunhão, têm a missão de acolher, discernir e animar os carismas, ministérios e serviços na Igreja. Como pais e centros da unidade, cabe-lhes se esforçar para apresentar ao mundo um rosto de uma Igreja na qual todos se sintam acolhidos, como em sua própria casa (188). Que eles procurem cultivar a espiritualidade da comunhão, promovendo os vínculos da colegialidade que os une ao Colégio Episcopal e a seu Cabeça, o Bispo de Roma (189).[35]

5.3.2 Os presbíteros, discípulos missionários de Jesus Bom Pastor

5.3.2.1 Identidade e missão dos presbíteros

A imensa maioria dos presbíteros vive seu ministério com fidelidade, tiram tempo para sua formação permanente, cultivam sua vida espiritual, centrada na Palavra e na Eucaristia (191).

Entre outros, desafia a identidade teológica do ministério presbiteral (192), que o Vaticano II estabelece

---

[35] Acrescentou-se, neste número: A principal tarefa do bispo é "ser mestre da fé".

como serviço ao sacerdócio comum dos fiéis[36] (193). Outro desafio é a inserção do ministério presbiteral na cultura atual, pois conhecê-la é a condição para semear nela o Evangelho, tornando-o compreensível às pessoas de hoje, especialmente aos jovens. Daí a necessidade de potenciar a formação inicial e permanente, nas quatro dimensões: humana, espiritual, intelectual e pastoral (194). O terceiro desafio diz respeito à vida e à afetividade, em particular ao celibato e uma vida fundada na caridade pastoral,[37] que se nutre da comunhão pessoal com Deus e na comunhão com os irmãos. Importante é a comunhão também com o bispo e os colegas de presbitério, pois o sacramento da ordem tem uma "radical forma comunitária" e só pode ser desenvolvido como uma "tarefa coletiva" (195). O celibato, especial configuração com o estilo de vida do próprio Cristo, implica assumir com maturidade a própria afetividade e sexualidade, vivendo-as com serenidade e alegria, em um caminho comunitário (196). Desafio de caráter estrutural é a existência de paróquias demasiadamente grandes, que dificultam o exercício de uma pastoral adequada; também paróquias muito pobres, paróquias situadas em regiões de extrema violência e

---

[36] Neste número, acrescentou-se: ... como serviço ao sacerdócio comum dos fiéis, mas "de maneira qualitativamente distinta"; acrescentou-se também: "Todo Sumo Sacerdote é tomado dentre os homens e colocado para intervir a favor dos homens em tudo aquilo que se refere ao serviço de Deus" (Hb 5,1). Substituiu-se: ... o presbítero "não pode cair na tentação de considerar-se um delegado ou representante da comunidade", por: "não pode cair na tentação de considerar-se um 'mero' delegado ou 'só um' representante da comunidade". Deste número, suprimiu-se: ... Em Cristo, somos todos filhos de um mesmo Pai e irmãos entre nós, "também os presbíteros. Antes que pai, o presbítero é um irmão. Esta dimensão fraterna deve transparecer no exercício pastoral e superar a tentação do autoritarismo, que o isola da comunidade e da colaboração com os demais membros da Igreja".

[37] Substituiu-se: "uma vida espiritual intensa, fundada na experiência de Deus", por: "fundada na caridade pastoral, que se nutre na experiência pessoal com Deus e na comunhão com os irmãos". E acrescentou-se ao final do número: "O sacerdote deve ser homem de oração, maduro em sua opção de vida por Deus, fazer uso dos meios de perseverança, como o Sacramento da confissão, da devoção à Santíssima Virgem, da mortificação e da entrega apaixonada por sua missão pastoral".

segurança, e a má distribuição de presbíteros nas Igrejas do Continente (197).

À imagem do Bom Pastor, é chamado a ser homem de misericórdia e de compaixão, próximo a seu povo e servidor de todos, particularmente dos que sofrem grandes necessidades. Consciente de suas limitações, valoriza a pastoral orgânica e se insere no seu presbitério (198). Isto requer que as Dioceses e as Conferências Episcopais desenvolvam uma pastoral presbiteral que promova sua espiritualidade específica e a formação permanente e integral.[38] Tendo em conta o número de presbíteros que abandonaram o ministério, cabe à Igreja local estabelecer relações de fraternidade e de mútua colaboração (200).

5.3.2.2 Os párocos, animadores de uma comunidade de discípulos missionários

Os presbíteros párocos, dada a necessidade de renovação da paróquia, precisam ter novas atitudes, não se contentando com a simples administração, enquanto animador de comunidades e ardoroso missionário em busca dos afastados (201). Na co-responsabilidade com os leigos, cabe a eles ser promotores e animadores da diversidade missionária, multiplicando as pessoas e criando novos serviços e ministérios leigos (202).

---

[38] Com relação à formação, suprimiu-se: "É oportuno assinalar a complementaridade entre a formação iniciada no seminário e o processo formativo que abarca as diversas etapas da vida do presbítero"; suprimiu-se também: "A formação permanente é um dever, sobretudo para os sacerdotes jovens e precisa ter aquela freqüência e programação de encontros que, por sua vez, prolongam a seriedade e solidez da formação recebida no seminário". E acrescentou-se: "A Exortação Apostólica *Pastores Dabo Vobis*, enfatiza que 'a formação permanente, precisamente porque é permanente, deve acompanhar os sacerdotes sempre, isto é, em qualquer período e situação de sua vida, assim como nos diversos cargos de responsabilidade eclesial que sejam confiados a eles; tudo isso, levando em consideração, naturalmente, as possibilidades e características próprias da idade, condições de vida e tarefas encomendadas' (PDV 76)".

A paróquia, comunidade de comunidades, requer organismos que superem todo tipo de burocracia, como os conselhos de pastoral e de assuntos econômicos, que precisam estar animados por uma espiritualidade de comunhão missionária, preocupados em chegar a todos (203). No fortalecimento da dimensão missionária, não basta que a paróquia chegue aos afastados, mas a todas as famílias (204).

5.3.3 Os diáconos permanentes, discípulos de Jesus Servidor

São ordenados para o serviço da Palavra, da Caridade e da Liturgia, especialmente para os sacramentos do Batismo e do Matrimônio; e também para acompanhar a formação de novas comunidades eclesiais, especialmente em lugares distantes, onde não chega a ação evangelizadora da Igreja (205). Cada diácono permanente deve cultivar sua inserção no corpo diaconal, em fiel comunhão com seu bispo e em estreita unidade com os presbíteros e demais membros do Povo de Deus (206).[39] Eles devem receber uma adequada formação humana, espiritual, doutrinal e pastoral, tendo em conta a esposa e a família, para exercer com competência seu ministério nos campos da vida das comunidades, da liturgia e da ação social, especialmente com os mais necessitados – os enfermos, os que sofrem, os migrantes e refugiados, os excluídos e as vítimas da violência, os presidiários (207). A V Conferência espera dos diáconos um testemunho evangélico e um impulso missionário para que sejam apóstolos em

---

[39] Substituiu-se: "... uma estreita relação com seu bispo", por: "fiel comunhão"; e acrescentou-se: "em estreita unidade com os prebíteros".

suas famílias, em seus trabalhos, em suas comunidades e nas novas fronteiras da missão (208).[40]

5.3.4 Os fiéis leigos e leigas, discípulos missionários de Jesus Luz do Mundo

Pelo Batismo, formam o Povo de Deus e participam das funções de Cristo: sacerdote, profeta e rei. Eles realizam, segundo sua condição, a missão de todo o povo cristão, na Igreja e no mundo. "São pessoas de Igreja no coração do mundo e pessoas do mundo no coração da Igreja" (*Documento de Puebla* 786) (209). Sua missão própria e específica se realiza no mundo, na transformação das realidades terrestres e na criação de estruturas justas, no vasto e complexo mundo da política, do social, da economia, da cultura, das ciências, das artes, da vida internacional, das comunicações (210). Mas os leigos também são chamados à participação da ação pastoral da Igreja. Para isso, necessitam de espaços de participação e ministérios, bem como de responsabilidades próprias, em uma Igreja onde todos sejam co-responsáveis (211).

Os leigos, para cumprir sua missão, necessitam de uma sólida formação doutrinal, pastoral e espiritual (212). Os pastores precisam ter maior abertura para acolher seu "ser" e seu "fazer" na Igreja (213). Suas associações devem ser apoiadas pelos pastores, como sinal de esperança, ainda que com o devido discernimento (214). São de grande valor e eficácia os

---

[40] Suprimiu-se deste número: "A presença numérica dos diáconos permanentes cresceu significativamente em nossas Igrejas, ainda que com desigual desenvolvimento e valoração. A V Conferência anima os bispos da América Latina e do Caribe impulsar o diaconato permanente nas distintas Dioceses e para grupos humanos específicos e pastorais ambientais". Acrescentou-se: "Não se podem criar nos candidatos ao diaconato expectativas permanentes que superem a natureza própria que corresponde ao grau do diaconato".

conselhos paroquiais, diocesanos e nacionais de leigos, pois incentivam a comunhão e a participação na Igreja e no mundo (215).

5.3.5 Os consagrados e consagradas, discípulos missionários de Jesus Testemunha do Pai

A vida consagrada é um dom do Pai, por meio do Espírito, à sua Igreja e constitui um elemento decisivo para a missão. É um caminho de especial seguimento de Cristo, assumindo sua forma de vida: pobre, obediente e casto (216). Os consagrados e consagradas são chamados a ser anúncio explícito do Evangelho, principalmente aos mais pobres, como tem sido em nosso Subcontinente, desde o início da evangelização. Diante das tendências de secularização (219), a vida consagrada é chamada a dar testemunho da absoluta primazia de Deus e de seu Reino, pela obediência (à vontade de Deus), pobreza (diante da absolutização do ter) e castidade (diante da banalização das relações) (217).[41]

Na atualidade de nosso Continente, a vida consagrada é chamada a ser uma vida marcada pelo discipulado, e a missão, radicalmente profética, capaz de mostrar a luz de Cristo às sombras do mundo atual e os caminhos de uma vida nova, em continuidade à tradição de santidade e martírio de tantos e tantas consagrados na história do Continente (220). O Espírito continua suscitando novas formas de vida consagrada na Igreja, que precisam ser acolhidas e acompanhadas com um discernimento sério e ponderado sobre seu

---

[41] Substituiu-se, neste número: ... os consagrados e consagradas são chamados a fazer "de sua vida comunitária", por: "de sua vida fraterna em comunhão" ... lugares de anúncio explícito do Evangelho.

sentido, necessidade e autenticidade (222).[42] As confederações de religiosos (CLAR, Organismos Nacionais) estão convocadas a estimular seus membros a realizarem sua missão como discípulos e missionários a serviço do Reino de Deus, em autêntica comunhão com os pastores e sob sua orientação (223).[43]

5.4 Os que deixaram a Igreja para se unir a outros grupos religiosos

Muita gente que passa para outros grupos religiosos espera encontrar respostas a suas inquietações e aspirações, que não encontraram na Igreja.[44] Os motivos não são doutrinais, mas vivenciais; não são dogmáticos, mas pastorais; não são teológicos, mas metodológicos de nossa Igreja (225).

É preciso reforçar na Igreja Católica quatro eixos: *a experiência religiosa* (pelo encontro pessoal com Jesus Cristo, que leva a uma conversão pessoal e a uma mudança de vida integral); *a vivência comunitária* (em que cada um seja acolhido pessoalmente e se sinta valorizado, visível e eclesialmente incluído, membro da comunidade e co-responsável nela); *a formação bíblico-doutrinal* (aprofundar o conhecimento da Palavra de Deus e os

---

[42] Acrescentou-se, no final deste número: "Os Pastores valorizam como um inestimável dom a virgindade consagrada daqueles que se entregam a Cristo e à sua Igreja com generosidade e coração indivisível, e se propõem velar por sua formação inicial e permanente".

[43] Substituiu-se: ... os religiosos realizarem sua missão"... em mútua relação com os pastores", por: "em autêntica comunhão"; e acrescentou-se: "sob sua orientação".

[44] Substituiu-se: "Na verdade, muita gente que passa para outros grupos religiosos não está buscando sair de nossa Igreja, mas está buscando sinceramente a Deus"; por: "Esperam encontrar respostas a suas inquietações. Procuram, não sem sérios perigos, responder a algumas aspirações que, quem sabe, não têm encontrado, como deveria ser, na Igreja".

conteúdos da fé); e *o compromisso missionário de toda a comunidade* (sair ao encontro dos afastados, reencantá-los com a Igreja e convidá-los a novamente se envolverem com ela) (226).

5.5 Diálogo ecumênico e inter-religioso

5.5.1 Diálogo ecumênico para que o mundo creia

O ecumenismo, diálogo com outras Igrejas e comunidades eclesiais, é conseqüência de uma eclesiologia de comunhão (227) e "expressa a comunhão real, ainda que imperfeita", já que a Trindade e o Batismo estão na base deste esforço. A unidade "só chegará no dia em que pudermos celebrar, junto com todos os que crêem em Cristo, a divina Eucaristia" (*Sacrosanctum Concilium* 56) (228). A unidade é, antes de tudo, um dom do Espírito Santo; conseqüentemente, implica conversão do coração e oração, que são a alma de todo movimento ecumênico (230).

Com o Concílio Vaticano II, os diálogos bilaterais e multilaterais têm produzido bons frutos. A mobilidade humana, característica do mundo atual, pode ser ocasião propícia para o diálogo ecumênico (231). Por sua vez, o surgimento de novos grupos religiosos, além de confundir ecumenismo com diálogo inter-religioso, obstaculiza maiores frutos. Com mais razão, é preciso participar de organismos ecumênicos[45] e realizar ações conjuntas nos diversos campos da ação eclesial, pastoral e social. O contato ecumênico favorece a estima recíproca, convoca à escuta comum da Palavra de Deus e chama à conversão

---

[45] Acrescentou-se: ... participar dos organismos ecumênicos... *"com uma cuidadosa preparação e um esmerado seguimento dos pastores"*.

(232). Que o diálogo desperte novas formas de discipulado e missão em comunhão, pois onde se estabelece o diálogo diminui o proselitismo (233).

5.5.2 Relação com o judaísmo e diálogo inter-religioso

Os judeus são nossos "irmãos mais velhos" na fé de Abraão. Dói em nós a história de desencontros que sofreram, também em nossos países. É preciso maior colaboração e apreço mútuo (235).

O diálogo inter-religioso, especialmente com as religiões monoteístas, se funda no fato de refletirem a luz de Cristo, que ilumina a todos (237). Ainda que certas propostas de diálogo estejam marcadas pelo subjetivismo e identidade pouco definida, isso não nos permite abandonar o compromisso do diálogo. É preciso investir no conhecimento das religiões, no discernimento teológico-pastoral e na formação de agentes competentes para o diálogo inter-religioso (238). O diálogo inter-religioso abre caminhos para a construção de uma nova humanidade, promovendo a liberdade e a dignidade dos povos, estimulando a colaboração pelo bem comum, superando a violência motivada por atitudes religiosas fundamentalistas e educando para a paz e a convivência cidadã (239).

CAPÍTULO VI
O caminho de formação dos discípulos missionários

6.1 Uma espiritualidade trinitária do encontro com Jesus Cristo

Uma autêntica proposta de encontro com Jesus Cristo deve estabelecer-se sobre o fundamento da Trindade-Amor (240).[46] Na história do amor trinitário, Jesus de Nazaré, homem como nós e Deus conosco, morto e ressuscitado, nos é dado como Caminho, Verdade e Vida (242).

6.1.1 O encontro com Jesus Cristo

O início do discipulado é o encontro com o acontecimento de Jesus (243) e, portanto, a própria natureza do cristianismo consiste em reconhecer a presença de Jesus e segui-lo (244).

---

[46] Suprimiu-se, neste número: "Somos filhos da comunhão e não da solidão".

6.1.2 Lugares de encontro com Jesus Cristo

O encontro com Jesus Cristo, no Espírito, realiza-se na fé, recebida e vivida na Igreja, através de mediações (246). Encontramos Jesus na *Sagrada Escritura*, lida na Igreja (247). Implica educar o povo na leitura e meditação da Palavra, para chegar a uma interpretação adequada dos textos. Isso supõe uma animação bíblico-pastoral de toda a comunidade, que contribui para uma evangelização inculturada (248). Encontramos Jesus na *Liturgia* (250),[47] em especial na Eucaristia, lugar do encontro com o Ressuscitado na Igreja e fonte de impulso missionário (251).[48] Daí a importância do preceito dominical (252), ainda que milhares de comunidades, com seus milhões de membros, não têm a oportunidade de participar da Eucaristia dominical. Elas podem se alimentar, entretanto, pela "celebração dominical da Palavra", que torna presente o Mistério Pascal no amor que congrega, na Palavra acolhida e na oração comunitária (253). Encontramos Jesus no sacramento da reconciliação, que nos dá o dom de seu perdão misericordioso e nos devolve a alegria e o entusiasmo de anunciá-lo com o coração aberto e generoso (254).[49] Encontramos Jesus na *oração pessoal e comunitária* (255), assim como no meio de *uma*

---

[47] Suprimiu-se, neste número: "A vida do cristão se abre a uma dimensão missionária a partir do encontro eucarístico".

[48] Suprimiu-se, neste número: Em cada Eucaristia, os cristãos... "se identificam com Jesus, morrem com ele e ressuscitam com ele. A Eucaristia é, por excelência, expressão da vida dos discípulos e missionários de Jesus, de onde extraem e vivem a plenitude da vida em Cristo e a partilham com o próximo". E suprimiu-se, também, no final do número: "É na liturgia que os discípulos de Cristo penetram mais profundamente nos mistérios do Reino, onde eles vivem e expressam de modo sacramental sua vocação de discípulos e missionários".

[49] Este número é novo e diz, na íntegra: "O sacramento da reconciliação é o lugar onde o pecador experimenta de maneira singular o encontro com Jesus Cristo, que se compadece de nós e nos dá o dom de seu perdão misericordioso, nos faz sentir que o amor é mais forte que o pecado cometido, nos liberta de tudo o que nos impede de permanecer em seu amor, e nos devolve a alegria e o entusiasmo de anunciá-lo aos demais com o coração aberto e generoso".

comunidade viva, na fé e no amor fraterno.[50] Está naqueles que dão testemunho de luta pela justiça, pela paz e pelo bem comum, muitas vezes chegando a entregar a própria vida. Está nos acontecimentos da vida de nossos povos. Está em toda realidade humana (256). De modo especial, encontramos Jesus *nos pobres*, aflitos e enfermos. No reconhecimento desta presença e proximidade, e na defesa dos direitos dos excluídos, encontra-se a fidelidade da Igreja a Jesus Cristo. O encontro com Jesus Cristo nos pobres é uma dimensão constitutiva da fé cristológica e nos faz solidários com seu destino (257).

6.1.3 A piedade popular como lugar de encontro com Jesus Cristo

Encontramos Jesus na religiosidade popular, na qual aparece a alma dos povos latino-americanos. Por isso, é um "catolicismo popular", profundamente inculturado, que é preciso promover e defender. É uma multidão que merece nosso respeito e carinho (258). Em seu seio, o peregrino vive a experiência de um mistério que o supera. Nos santuários, muitos peregrinos tomam decisões que marcam suas vidas (260). Não é uma "espiritualidade de massas" (261), ainda que se tenha que purificá-la (262), um modo secundário da vida cristã (263), antes é uma maneira legítima de viver a fé, um modo de sentir-se parte da Igreja e uma forma de ser missionários (264).

6.1.4 Maria, discípula e missionária

Encontramos Jesus através de Maria, a discípula mais perfeita do Senhor (266). Com ela, chega o cumprimento

---

[50] Acrescentou-se: "Os bispos têm sucedido, por instituição divina, aos Apóstolos, como Pastores da Igreja, de modo que quem os escuta, escuta a Cristo, e quem os despreza, despreza a Cristo e a quem ele enviou" (*Lumen Gentium* 20).

da esperança dos pobres e do desejo de salvação. Perseverando junto com os apóstolos à espera do Espírito, ela cooperou com o nascimento da Igreja missionária (267).[51] Ela é artífice da comunhão (268), a grande missionária, continuadora da missão de seu Filho (269), imagem acabada e fidelíssima do seguimento de Cristo (270). Com os olhos postos em seus filhos e em suas necessidades, como em Caná da Galiléia, ela cria comunhão e educa seus filhos para um estilo de vida compartilhada e solidária, em atenção e acolhida do outro, especialmente se é pobre e necessitado (272).

6.1.5 Os apóstolos e os santos

Encontramos Jesus nos apóstolos, nos santos – os apóstolos Pedro, Paulo, João (273),[52] são José (274) – e em tantos homens e mulheres que espalharam em toda parte as sementes do Evangelho, vivendo corajosamente sua fé, inclusive derramando seu sangue como mártires. Hoje, recolhemos sua herança e nos sentimos chamados a continuar, com renovado ardor apostólico e missionário, o estilo evangélico de vida que nos transmitiram (275).

6.2 O processo de formação dos discípulos missionários

A vocação e o compromisso de ser discípulos e missionários na América Latina e no Caribe requer uma clara e decidida opção pela formação dos membros de nossas comunidades (276).

---

[51] Acrescentou-se, neste número: "Em Maria, encontramo-nos com Cristo, com o Pai e com o Espírito Santo, assim como com os irmãos".

[52] Acrescentou-se, neste número: "Suas vidas são lugares privilegiados de encontro com Jesus Cristo".

6.2.1 Aspectos do processo

O processo de formação deve estar pautado em cinco aspectos: a) *o encontro com Jesus Cristo* (o querigma como iniciação cristã); b) *a conversão* (mudança na forma de pensar e de viver); c) *o discipulado* (amadurecimento do seguimento); d) *a comunhão* (inserção na comunidade); e) *a missão* (necessidade de partilhar com os outros a alegria de ser enviado) (278).[53]

6.2.2 Critérios gerais

6.2.2.1 Uma formação integral, querigmática e permanente

Uma formação integral, querigmática e permanente comporta um processo integral (várias dimensões), tendo na base o anúncio querigmático (a presença de Cristo Ressuscitado hoje na Igreja) e seu caráter permanente, dadas as exigências do serviço a prestar (279).

6.2.2.2 Uma formação atenta a dimensões diversas

Uma formação em *quatro dimensões*, integradas harmonicamente ao longo do processo: a) *a dimensão humana e comunitária*: levar a pessoa a assumir a história e ser capaz de viver como cristão em um mundo plural, com equilíbrio, fortaleza, serenidade e liberdade interior; b) *a dimensão espiritual*: fundar o ser cristão na experiência de Deus, manifestado em Jesus, e que conduz pelo Espírito ao amadurecimento profundo; c) *a dimensão intelectual*: pelo conhecimento bíblico-teológico e das ciências humanas, potencializar o dinamismo da razão,

---

[53] Acrescentou-se, neste número: "Aqueles que serão seus discípulos já o buscam (cf. Jo 1,38), mas é o Senhor quem os chama: 'Segue-me' (Mc 1,14; Mt 9,9). É necessário descobrir o sentido mais profundo da busca, assim como é necessário propiciar o encontro com Cristo que dá origem à iniciação cristã".

bem como capacitar para o discernimento, o juízo crítico e o diálogo sobre a realidade e a cultura, para adquirir a necessária competência em vista dos serviços eclesiais e uma adequada presença na vida secular; d) *a dimensão pastoral e missionária*: levar, segundo um autêntico caminho cristão, para a missão no mundo, para construir o Reino de Deus, em colaboração fraterna com todos os membros da comunidade (280).

6.2.2.3 Uma formação respeitosa dos processos

Uma formação *respeitosa do processo das pessoas*, o que implica: itinerários diversificados, segundo o ritmo da comunidade; na Diocese, um projeto orgânico de formação elaborado pelos organismos diocesanos competentes com todas as forças vivas[54] – associações, serviços e movimentos, comunidades religiosas, pequenas comunidades, comissões de pastoral social; com equipes de formação devidamente preparadas, integradas também por leigos, que assegurem a eficácia do processo e que acompanhem as pessoas com pedagogias dinâmicas, ativas e abertas (281).

6.2.2.4 Uma formação que contempla o acompanhamento dos discípulos

Uma formação *com acompanhamento*, capacitando àqueles que vão acompanhar espiritual e pastoralmente a outros (282), na perspectiva do diálogo e da transformação da sociedade (283).

---

[54] Acrescentou-se: ... um projeto orgânico de formação, "aprovado pelo bispo e elaborado...".

*6.2.2.5 Uma formação na espiritualidade
da ação missionária*

Uma formação *em uma espiritualidade da ação missionária*,[55] para além dos espaços privados da devoção, que mobiliza e transfigura todas as dimensões da existência (284). Cada vocação – presbiteral, religiosa, matrimonial, catequética etc. – tem um modo concreto e diferente de viver a espiritualidade (285).

6.3 Iniciação à vida cristã e catequese permanente

6.3.1 Iniciação à vida cristã

São muitos os católicos sem consciência de ser missão, de ser sal e fermento no mundo, com fraca identidade cristã, participação comunitária e compromisso cidadão (286).[56] É um grande desafio que questiona a fundo a maneira como estamos educando na fé e como estamos alimentando a vivência cristã. Impõe-se a tarefa irrenunciável de oferecer uma modalidade de iniciação cristã, que eduque realmente na fé, pois ela tem sido pobre e fragmentada (287).

A iniciação cristã é a maneira prática de colocar alguém em contato com Jesus Cristo e de iniciá-lo no discipulado, dando a oportunidade de introduzi-lo nos mistérios da fé, seja na forma do catecumenato batis-

---

[55] Acrescentou-se: ... uma espiritualidade "que se baseia na docilidade ao impulso do Espírito".

[56] Acrescentou-se: "Sem esquecer a importância da família na iniciação cristã".

mal ou pós-batismal, nos três sacramentos da iniciação: Batismo, Confirmação e Eucaristia (288).[57]

6.3.2 Propostas para a iniciação cristã

Sentimos a urgência de desenvolver em nossas comunidades um processo que comece pelo querigma, conduza ao encontro pessoal com Jesus Cristo, que leve à conversão, ao seguimento em uma comunidade eclesial e a um amadurecimento de fé na prática dos sacramentos, do serviço e da missão (289). Trata-se de uma experiência que transforma a vida progressivamente pelos mistérios que se celebram, capacitando o cristão a transformar o mundo. É o que se chama de catequese mistagógica (290). Isso implica não somente uma renovação da catequese, como uma reestruturação de toda a vida pastoral da paróquia (293). Depois dela é que vem a catequese permanente (294).[58]

6.3.3 Catequese permanente

Houve um grande progresso na catequese, seja no tempo de preparação para os sacramentos, seja pela constituição de comissões diocesanas e paroquiais de catequese. É admirável o número de catequistas e o serviço que prestam (295). No entanto, apesar da boa vontade, a formação teológica e pedagógica dos catequistas deixa a desejar. Os materiais, às vezes, não se

---

[57] Acrescentou-se, neste número: A iniciação cristã propriamente falando refere-se à primeira iniciação nos mistérios da fé, "seja na forma do catecumenato batismal para os não-batizados, seja na forma do catecumenato pós-batismal para os batizados não suficientemente catequisados".

[58] Substituiu-se, neste número: "Assumir esta iniciação cristã exige não somente uma renovação da catequese, mas também uma reestruturação da vida pastoral da paróquia"; por: "Assumir esta iniciação cristã exige não somente uma renovação de modalidade catequética da paróquia".

integram na pastoral de conjunto e são pedagogicamente desatualizados. As famílias dos catequizandos também não prestam a devida colaboração (296).

A catequese não pode ser só ocasional, reduzida a momentos prévios aos sacramentos, mas sim um itinerário permanente. Cabe às Igrejas locais e às Conferências Episcopais estabelecer um processo catequético orgânico e progressivo, centrado na Palavra, que estenda pela vida toda (298). Também não pode limitar-se a uma formação meramente doutrinal, mas uma verdadeira escola de formação integral. Por isso, deve cultivar a amizade com Cristo na oração, o apreço pela celebração litúrgica, a vivência comunitária e o compromisso apostólico, mediante um permanente serviço aos outros (299). Lugares privilegiados são as famílias e a religiosidade popular (300).

6.4 Lugares de formação para os discípulos missionários

6.4.1 A família, primeira escola da fé

Ela é "escola de comunhão". Para que seja "escola da fé" e os pais os primeiros catequistas, a pastoral familiar deve oferecer espaços de formação, materiais catequéticos e momentos celebrativos (302).[59] A catequese familiar tem se revelado como uma ajuda eficiente à unidade das famílias (303).

---

[59] Acrescentou-se, neste número: "A família, pequena Igreja, deve ser, junto com a paróquia, o primeiro lugar para a iniciação cristã das crianças. Ela oferece aos filhos um sentido cristão de existência e os acompanha na elaboração de seu projeto de vida, como discípulos missionários".

6.4.2 As paróquias

A Igreja é comunhão e, portanto, a dimensão comunitária é intrínseca à fé cristã, reflexo da vida na Trindade. As paróquias são células vivas da Igreja, encerram uma imensa riqueza comunitária, pois nelas se encontra uma imensa variedade de situações, idades e tarefas (304). Para que sejam centro de irradiação missionária, precisam ser também lugares de formação permanente, com várias instâncias, que assegurem o acompanhamento e o amadurecimento de todos os agentes de pastoral e dos leigos inseridos no mundo (306).

6.4.3 Pequenas comunidades eclesiais

O crescimento da espiritualidade de comunhão tem propiciado aos leigos integrar-se em pequenas comunidades eclesiais (307). Elas são ambiente propício para escutar a Palavra de Deus, para viver a fraternidade, para a oração, para aprofundar processos de formação na fé e para fortalecer o exigente compromisso de ser apóstolos na sociedade de hoje (308). A paróquia precisa ser comunidade de comunidades (309), pois estas são meio para se chegar aos distantes, aos indiferentes e aos que tem descontentamento ou ressentimento em relação à Igreja (310).

6.4.4 Os movimentos eclesiais e novas comunidades

Neles, os fiéis encontram a possibilidade de formar-se, crescer e comprometer-se como verdadeiros discípulos (311). Também são uma oportunidade para que muitas pessoas distantes possam ter uma experiência de encontro vital com Jesus Cristo e, assim, recuperem sua identidade batismal e sua ativa participação na vida da Igreja (312).

É preciso, entretanto, que se integrem mais plenamente na estrutura originária que se dá na Diocese (313).

6.4.5 Os seminários e casas de formação religiosa

A pastoral vocacional começa na família e continua na comunidade cristã, com o importante papel de acompanhar crianças e jovens em seu processo de discernimento (314).[60] É urgente dedicar cuidado especial à pastoral vocacional (315).[61] Lugares privilegiados são os seminários e casas de formação (316).[62] Os formadores têm aprimorado sua capacitação para essa tarefa (317).[63] A realidade atual exige maior atenção, pois, no contexto da cultura pós-moderna, os jovens trazem consigo a fragmentação da personalidade, a incapacidade de assumir compromissos definitivos, a imaturidade humana e o debilitamento da identidade espiritual. Isso requer uma esmerada seleção que leve em conta o equilíbrio psicológico, uma motivação genuína e capacidade intelectual adequada às exigências do ministério (318).

---

[60] Acrescentou-se, neste número: A pastoral vocacional, que "é de responsabilidade de todo o Povo de Deus"; "plenamente integrada no âmbito da pastoral ordinária"; presente "nas famílias e escolas católicas"; é necessário "promover e coordenar diversas iniciativas vocacionais. As vocações são dom de Deus; portanto, em cada Diocese, não devem faltar orações especiais ao Dono da messe".

[61] Acrescentou-se, neste número: "... cultivando os ambientes nos quais nascem as vocações ao sacerdócio e à vida consagrada"; acrescentou-se, também: "Aos sacerdotes, os estimulam a dar testemunho de vida feliz, alegre, entusiástica e de santidade no serviço do Senhor".

[62] Acrescentou-se, neste número: ... os seminaristas, preparando-se assim para "viver uma sólida espiritualidade de comunhão com Cristo Pastor e docilidade à ação do Espírito Santo, convertendo-se "em sinal pessoal e atrativo de Cristo no mundo, "segundo o caminho de santidade próprio do ministério sacerdotal".

[63] Acrescentou-se, neste número: Reconhecemos o esforço dos formadores... no acompanhamento dos seminaristas "para um amadurecimento afetivo que os faça aptos para abraçar o celibato e capazes de viver em comunhão com seus irmãos na vocação sacerdotal".

O projeto formativo precisa oferecer uma formação integral: humana, espiritual, intelectual e pastoral (319),[64] de modo que os candidatos cheguem a um projeto de vida estável e definitivo, em meio a uma cultura que exalta o descartável e o provisório. Importante é a educação para a afetividade e a sexualidade, para que possa acolher o celibato com firme decisão e seja capaz de vê-lo com serenidade e devida ascese (321).[65] Em todo o processo formativo deve haver um clima de liberdade e responsabilidade pessoal, evitando-se criar ambientes artificiais ou itinerários impostos, para que o candidato se apóie em motivações verdadeiras, livres e pessoais (322).[66]

A formação intelectual precisa ser séria e profunda, no campo da filosofia, das ciências humanas e especialmente da teologia e da missiologia (323).[67] Os candidatos precisam ser capazes de assumir as exigências da vida comunitária, que implica diálogo, capacidade de serviço, humildade, valorização dos carismas dos outros e disposição para deixar-se corrigir pelos demais (324). Os jovens provenientes das famílias pobres e ou de grupos indígenas requerem uma formação inculturada, para que não percam suas raízes e possam ser evangelizadores

---

[64] Suprimiu-se, neste número: "Por isso, seria uma ajuda que os seminaristas se agrupassem em pequenas comunidades de oração e de vida, mas sempre mantendo a unidade formativa do seminário e seu projeto".

[65] Acrescentou-se, neste número: Esta deve levar a compreender melhor o significado evangélico do celibato consagrado "como valor que configura a Jesus Cristo, portanto, como um estado de amor, fruto do dom precioso da graça divina, segundo o exemplo da doação nupcial do Filho de Deus".

[66] Acrescentou-se, neste número: ... ajudá-lo a assumir o ministério como um verdadeiro e generoso serviço, "no qual o ser e o agir, pessoa consagrada e ministério, são realidades inseparáveis".

[67] Acrescentou-se, neste número: "Portanto, será necessário contar em cada seminário com o número suficiente de professores bem preparados".

próximos de seus povos e culturas (325).[68] A formação permanente é um dever dos presbíteros (326).[69]

6.4.6 A educação católica

Sua função é promover uma educação centrada na pessoa humana e não no mercado (328). Está chamada a se transformar em lugar privilegiado de formação e promoção integral, mediante assimilação sistemática e crítica da cultura (229).[70]

6.4.6.1 Os centros educativos católicos

Diante da exclusão, a Igreja deverá estimular uma educação de qualidade para todos, formal e informal, especialmente para os mais pobres (331). Para isso, é importante uma pastoral da educação, que acompanhe os processos educativos e assegure o direito dos mais despossuídos a uma educação de qualidade (334). A meta da escola católica é conduzir ao encontro de

---

[68] Acrescentou-se: requerem uma formação inculturada, "ou seja, devem receber a adequada formação teológica e espiritual para seu futuro ministério, sem que isso faça perder suas raízes", e desta forma possam ser evangelizadores próximos de seus povos e culturas.

[69] Acrescentou-se, neste número: "A formação permanente é um dever principalmente para os sacerdotes jovens e precisa ter aquela freqüência e programação de encontros que, simultaneamente, prolongam a seriedade e a solidez da formação recebida no seminário, levem progressivamente os jovens presbíteros a compreender e viver a singular riqueza do 'dom' de Deus – o sacerdócio – e a desenvolver suas potencialidades e aptidões ministeriais, também mediante uma inserção cada vez mais convencida e responsável no presbitério e, portanto, na comunhão e na co-responsabilidade com todos os irmãos".

[70] Acrescentou-se, neste número: "Na realidade, a cultura, para ser educativa, deve se inserir nos problemas do tempo no qual se desenvolve a vida do jovem. Desta maneira, as diferentes disciplinas precisam apresentar não só um saber por adquirir, mas valores por assimilar e verdades por descobrir".

Jesus Cristo e colaborar na construção de sua personalidade (336).[71]

6.4.6.2 As universidades e centros superiores de educação católica

Eles prestam uma importante ajuda à evangelização, pois oferecem uma formação no contexto da fé, preparando as pessoas para que sejam capazes de um discernimento racional e crítico, consciente da dignidade transcendental da pessoa. Isso implica uma formação profissional que compreenda os valores éticos e a dimensão de serviço às pessoas e à sociedade, o diálogo com a cultura, que favoreça uma melhor compreensão e transmissão da fé (341). Para isso, as universidades católicas precisam desenvolver com fidelidade sua especificidade cristã, estabelecendo um diálogo entre fé e razão, fé e cultura (342). Faz-se necessária uma pastoral universitária que acompanhe a vida e o caminhar de todos os membros da comunidade universitária (343). Nas últimas décadas, na América Latina e no Caribe, houve o surgimento de diversos institutos de teologia e pastoral, orientados para a formação e atualização dos agentes de pastoral, contribuindo com a evangelização no Continente (344). É preciso fomentar o estudo e a pesquisa teológica e pastoral diante dos desafios da nova realidade social, plural, diferenciada e globalizada (345).

---

[71] Acrescentou-se, neste número: a meta..."é a de conduzir ao encontro com Jesus Cristo vivo, Filho do Pai, irmão e amigo, Mestre e Pastor misericordioso, esperança, caminho, verdade e vida e, dessa forma, à vivência da aliança com Deus e com os homens".

Terceira parte

A vida de Jesus Cristo
para nossos povos

CAPÍTULO VII
A missão dos discípulos a serviço da vida plena

A Igreja peregrina é missionária por natureza. O impulso missionário é fruto da vida que a Trindade comunica aos discípulos (347).

7.1 Viver e comunicar a vida nova em Cristo a nossos povos

A grande novidade que a Igreja anuncia ao mundo é Jesus Cristo, e participamos de sua própria vida (348). Nossos povos não querem andar pelas sombras da morte. Têm sede de vida e felicidade em Cristo. Buscam-no como fonte de vida (350). No entanto, no exercício de nossa liberdade, às vezes, recusamos essa vida nova (351), recebida no Batismo, que nos incorpora à comunidade dos discípulos missionários de Jesus Cristo (349). Por isso, o anúncio de Jesus sempre convoca à conversão (351), pois dos que vivem em Cristo sempre se espera um testemunho de santidade e compromisso (352).

7.1.1 Jesus a serviço da vida

Jesus, o Bom Pastor, quer comunicar-nos a sua vida e colocar-se a serviço da vida (353). Em sua Palavra e nos sacramentos, ele nos oferece um alimento para o caminho, em que a Eucaristia é o centro vital do universo, capaz de saciar a fome de vida e de felicidade (354).

7.1.2 Várias dimensões da vida em Cristo

Jesus Cristo é plenitude que eleva a condição humana à condição divina – "eu vim para que todos tenham vida em plenitude" (355). A vida nova de Jesus atinge o ser humano por inteiro e desenvolve em plenitude a existência humana, "em sua dimensão pessoal, familiar, social e cultural" (*Discurso Inaugural* 4, 356). Mas o consumismo hedonista e individualista, que coloca a vida humana em função de um prazer imediato e sem limites, obscurece o sentido da vida e a degrada. O Senhor, que nos convida a valorizar as coisas e a progredir, também nos previne sobre a obsessão de acumular (357).

7.1.3 A serviço da vida plena para todos

As condições de vida de muitos abandonados, excluídos e ignorados em sua miséria e sua dor, contradizem o projeto do Pai e desafiam os cristãos a um maior compromisso em favor da cultura da vida. O Reino de vida que Cristo veio trazer é incompatível com essas situações desumanas. Fechar os olhos diante dessas realidades é não defender a vida do Reino. Quem não ama permanece na morte. Há uma "inseparável relação entre o amor a Deus e o amor ao próximo", que "convida a todos a suprimir as graves dificuldades sociais e as enormes diferenças no acesso aos bens". Toda a preocupação por desenvolver estruturas mais justas ou por transmitir os valores sociais do Evangelho situam-se nesse contexto de serviço à vida digna (358). A vida só se desenvolve plenamente na comunhão fraterna e justa, pois Deus, em Cristo, não redime só a pessoa individual, mas as relações sociais entre os seres humanos. A promoção da vida implica libertação integral, humanização, reconciliação e inserção social (359).

7.1.4 Uma missão para comunicar vida

A Igreja, para ser toda ela missionária, necessita desinstalar-se de seu comodismo, estancamento e tibieza, à margem do sofrimento dos pobres do Continente. Necessitamos que cada comunidade cristã se converta em um poderoso centro de irradiação da vida em Cristo. Esperamos um novo Pentecostes que nos livre do cansaço, da desilusão, da acomodação onde estamos (362).

7.2 Conversão pastoral e renovação missionária das comunidades

Essa firme decisão missionária de promoção da cultura da vida deve impregnar todas as estruturas eclesiais e todos os planos de pastoral, em todos os níveis eclesiais, bem como toda instituição eclesial, abandonando as estruturas ultrapassadas (365). Os bispos, presbíteros, diáconos permanentes, consagrados e consagradas, leigos e leigas são chamados a assumir uma atitude de permanente conversão pastoral (366). A pastoral não pode prescindir do contexto histórico onde vivem seus membros, dado que sua vida acontece em contextos socioculturais bem concretos. Diante das transformações sociais e culturais, está a necessidade de uma renovação eclesial, que envolve reformas espirituais, pastorais e também institucionais (367). A conversão pastoral requer que as comunidades eclesiais sejam comunidades de discípulos missionários[72] (368).

A conversão pastoral de nossas comunidades exige que se vá além de uma pastoral de mera conservação para uma pastoral decididamente missionária (370). O plano pastoral diocesano, caminho de pastoral orgânica, deve ser uma resposta consciente e eficaz, para atender às exigências do mundo de hoje, com indicações programáticas concretas, objetivos e métodos de trabalho. Os leigos devem participar do discernimento, da tomada de decisões, do planejamento e da execução (371).

Levando em consideração as dimensões de nossas paróquias, é aconselhável a setorização delas em unidades territoriais menores, com equipes próprias de animação e coordenação, que permitam uma maior proximidade às pessoas e grupos que vivem na região. É recomendável que os agentes missionários promovam a criação de comunidade de famílias, que fomentem colocar em comum sua fé e as respostas aos seus problemas. Pode contribuir para isso o voluntariado missionário (372).

7.3 Nosso compromisso com a missão *ad gentes*

Os verdadeiros destinatários da atividade missionária do Povo de Deus não são somente os povos não-cristãos e das terras distantes, mas também os campos socioculturais e, sobretudo, os corações (375). Ao mesmo tempo, o mundo espera de nossa Igreja latino-americana

---

[72] Substituiu-se: "A conversão pastoral requer que a Igreja se constitua em comunidades de discípulos missionários", por: "A conversão pastoral requer que as comunidades eclesiais sejam comunidades de discípulos missionários".

um compromisso mais significativo com a missão universal em todos os Continentes, dispostos a ir "à outra margem", onde ainda não se conhece Jesus Cristo, e a Igreja não está presente (376). Os discípulos, que por essência são também missionários em virtude do Batismo e da confirmação,[73] nos formamos com coração universal, aberto a todas as culturas e a todas as verdades, cultivando nossa capacidade de contato humano e diálogo (377). Somos Igrejas pobres, mas "devemos dar a partir de nossa pobreza e a partir da alegria de nossa fé", sem colocar sobre alguns poucos enviados o compromisso que é de toda a comunidade cristã (379).

---

[73] Acrescentou-se: "e da confirmação".

CAPÍTULO VIII
Reino de Deus e promoção da dignidade humana

A Boa-Nova da vida tem uma destinação universal. O mandato do amor abraça a pessoa inteira e todas as pessoas, ambientes e povos (380).

8.1 Reino de Deus, justiça social e caridade cristã

A promoção da vida plena em Cristo nos leva a assumir, evangelicamente e a partir da perspectiva do Reino, as tarefas prioritárias que contribuem com a dignificação de todos os seres humanos e, para isso, a trabalhar junto com as demais pessoas e instituições. Necessidades urgentes nos levam a colaborar com outros organismos ou instituições para organizar estruturas mais justas no âmbito nacional e internacional. É urgente criar estruturas que consolidem uma ordem social, econômica e política, inclusiva de todos (384).

Também é tarefa da Igreja ajudar com a pregação, a catequese, a denúncia e o testemunho do amor e da justiça, para que despertem na sociedade as forças espirituais necessárias e se desenvolvam os valores sociais (385).

8.2 A dignidade humana

Nossa missão para que nossos povos tenham vida, manifesta a convicção de que no Deus vivo, revelado em Jesus, se encontra o sentido, a fecundidade e a dignidade da vida humana. Urge, portanto, promover em nossos povos a vida plena que Jesus nos traz, para que cada pessoa viva com a dignidade que Deus lhe deu (389). A fidelidade ao Evangelho nos exige proclamar em todos os areópagos a verdade sobre o ser humano e a dignidade de toda pessoa (390).

8.3 A opção preferencial pelos pobres e excluídos

Nos pobres, a dignidade humana está profanada. A opção pelos pobres é um dos traços que marca a fisionomia da Igreja no Continente (391). Ela está implícita na fé cristológica, naquele Deus que se fez pobre por nós, para nos enriquecer com sua pobreza (392).[74] Por isso, somos chamados a contemplar, nos rostos sofredores de nossos irmãos, o rosto de Cristo que nos chama a servi-lo neles – "os rostos sofredores dos pobres são rostos sofredores de Cristo". Eles interpelam a essência do ser da Igreja, da pastoral e de nossas atitudes cristãs (393).

---

[74] Acrescentou-se: "A opção pelos pobres, entretanto, não é nem exclusiva, nem excludente".

A opção pelos pobres precisa manifestar-se em gestos visíveis, principalmente na defesa da vida e dos direitos dos mais vulneráveis e excluídos, e no permanente acompanhamento em seus esforços de serem sujeitos de mudança e de transformação e sua situação (394). A Igreja está convocada a ser "advogada da justiça e defensora dos pobres", diante das intoleráveis desigualdades sociais e econômicas, que clamam ao céu (395). Na América Latina, ela precisa continuar sendo, com maior afinco, companheira de caminho de nossos irmãos mais pobres, inclusive até o martírio. Queremos ratificar e potencializar a opção pelos pobres feita nas Conferências anteriores. Para que seja preferencial, implica que atravesse todas as nossas estruturas e prioridades pastorais. A Igreja latino-americana é chamada a ser sacramento de amor, de solidariedade e de justiça entre os nossos povos (396).

Em tempos marcados pelo individualismo, a opção pelos pobres corre o risco de ficar em um plano teórico ou emotivo; por isso, evite-se toda atitude paternalista, dedicando a eles tempo, atenção, escuta, acompanhamento em seus momentos difíceis e procurando, a partir deles, a transformação de sua situação (397). Eles são sujeitos da evangelização e da promoção humana integral (398).

8.4 Uma renovada pastoral social para a promoção humana integral

Assumir com nova força a opção pelos pobres exige que todo processo evangelizador seja de promoção humana e promova a autêntica libertação, "sem a qual não é possível uma ordem justa na sociedade". A verdadeira promoção humana deve ser integral, isto é, precisa abarcar a pessoa inteira e todas as pessoas, fazendo-as sujeitos de seu próprio desenvolvimento (399). Isso implica promover caminhos mais efetivos, com a preparação do compromisso dos leigos para intervir nos assuntos sociais (400). As Conferências Episcopais e as Igrejas locais têm a missão de promover renovados esforços para fortalecer uma pastoral social estruturada, orgânica e integral, que, com a assistência e a promoção humana, se faça presente nas novas realidades de exclusão e marginalização, onde a vida está mais ameaçada (401).

A globalização faz emergir em nossos povos novos rostos de pobres, os novos excluídos: os migrantes, as vítimas da violência, os refugiados, as vítimas de enfermidades endêmicas (Aids), tóxico-dependentes, idosos, crianças vítimas da prostituição, mulheres maltratadas, desempregados, povo da rua, indígenas e afro-americanos, os excluídos pelo analfabetismo tecnológico, os sem-terra e os mineiros. A pastoral social deve dar acolhida e acompanhar essas pessoas excluídas (402). Nessa tarefa e com criatividade pastoral, devem-se elaborar ações concretas que tenham incidência nos Estados, para a aprovação de políticas sociais e econômicas que atendam às várias necessidades da população e que conduzam para um desenvolvimento sustentável (403).

8.5 Globalização da solidariedade e justiça internacional

A Igreja tem responsabilidade em formar cristãos e sensibilizá-los a respeito das grandes questões da justiça internacional. Em vista disso, precisa: a) apoiar a participação da sociedade civil na reorientação e reabilitação ética da política; b) formar na ética cristã a busca do bem comum, a criação de oportunidades para todos, a luta contra a corrupção, a vigência dos direitos trabalhistas e sindicais; também priorizar a criação de fontes de trabalho para setores marginalizados da população, como as mulheres e os jovens; c) promover a justa regulação da economia, do sistema financeiro e do comércio mundial; é urgente prosseguir no desendividamento externo, para favorecer os investimentos no desenvolvimento de políticas sociais; d) examinar atentamente os tratados intergovernamentais e outras negociações a respeito do livre-comércio, alertando os responsáveis políticos e a opinião pública a respeito das eventuais conseqüências negativas que podem afetar os setores mais desprotegidos e vulneráveis da população (406).

8.6 Rostos sofredores que doem em nós

8.6.1 Pessoas que vivem na rua nas grandes cidades

Nas grandes cidades, é cada vez maior o número de pessoas que vivem na rua. É necessário incluí-los em projetos de participação e promoção, em que eles próprios sejam sujeitos de sua reinserção social (407). É dever social do Estado criar uma política inclusiva desse contingente humano (410), indo às causas que produzem esse flagelo que afeta milhões de pessoas na América Latina e no Caribe (408). Eles devem estar incluídos na opção preferencial pelos pobres (409).

8.6.2 Migrantes

É expressão de caridade o acompanhamento pastoral dos migrantes. Milhões de pessoas, por diferentes motivos, estão em constante mobilidade (411). A Igreja, como mãe, deve sentir-se como Igreja sem fronteiras, atenta a este fenômeno, estabelecendo estruturas nacionais e diocesanas apropriadas (412). Para isso, faz-se necessário reforçar o diálogo e a cooperação entre as Igrejas de saída e de acolhida dos migrantes (413). Diante do fenômeno, é tarefa da Igreja a denúncia profética e incidir junto aos organismos da sociedade civil, para que os governos tenham uma política migratória que leve em conta os direitos das pessoas em mobilidade (414). Os migrantes devem ser acompanhados pastoralmente por suas Igrejas de origem (415). As generosas remessas enviadas pelos migrantes provam de sua capacidade de sacrifício e amor solidário em favor das próprias famílias, é ajuda dos pobres para os pobres (416).

8.6.3 Enfermos

Na edificação do Reino de Deus, Jesus inclui a cura dos enfermos, pois, como diz santo Irineu "a glória de Deus é o ser humano pleno de vida" (417). A pastoral da saúde é a resposta aos grandes interrogantes da vida, como o sofrimento e a morte, à luz do mistério pascal (418). Cristo enviou seus apóstolos a pregar o Reino de Deus e a curar os enfermos (417). A pastoral da saúde é resposta às grandes interrogações da vida (418). As milhares de instituições católicas dedicadas a essa pastoral na América Latina representam um recurso que se deve aproveitar na evangelização (419). É um campo para expressar a maternidade da Igreja, pois o sofrimento humano é uma experiência da cruz e da ressurreição do Senhor[75] (420). Deve-se estimular nas Igrejas locais

---

[75] Acrescentou-se: "e da ressurreição do Senhor". E suprimiu-se: "Os enfermos são verdadeiros missionários, pois, com seus sofrimentos, completam a paixão de Cristo em seu corpo, que é a Igreja (cf. Col. 1,24)"; suprimiu-se, também: o sofrimento humano... "é também uma oportunidade de encontro consigo mesmo, com os demais e com Deus. O testemunho de fé, paciência e esperança dos enfermos evangeliza a todos".

a pastoral da saúde, que inclua diferentes campos de ação. Uma grande prioridade é fomentar uma pastoral com pessoas que vivem com Aids (421).

8.6.4 Dependentes de drogas

Situação dolorosa é a dos dependentes de drogas. A Igreja não pode permanecer indiferente diante desse flagelo, que está destruindo a humanidade, especialmente as novas gerações. Sua tarefa deve ser direcionada em três direções: prevenção (educação dos valores), acompanhamento (vencer a enfermidade) e apoio das políticas governamentais para reprimir essa epidemia (422).[76] A Igreja deve promover uma luta frontal contra o consumo e o tráfico de drogas (423). Merecem especial menção as comunidades terapêuticas, por sua visão humanística e transcendente da pessoa (426).

8.6.5 Detidos em prisões

Uma realidade que fere a todos nós é a dos presidiários. A violência é fruto da injustiça, que induz a uma

---

[76] Este número foi substituído em sua integralidade. Suprimiu-se:"É muito dolorosa a situação de tantas pessoas e, em sua maioria jovens, que são vítimas da voracidade insaciável de interesses econômicos de quem comercializa a droga". E substituiu-se por:"O problema da droga é como uma mancha de óleo que invade tudo. Não reconhece fronteiras, nem geográficas, nem humanas. Ataca igualmente a países ricos quanto pobres, a crianças, jovens, adultos e idosos, a homens e mulheres. A Igreja não pode permanecer indiferente diante desse flagelo que está destruindo a humanidade, especialmente as novas gerações. Sua tarefa se dirige em três direções: prevenção, acompanhamento e apoio das políticas governamentais para reprimir esta pandemia. Na prevenção, insiste na educação nos valores que devem conduzir as novas gerações, especialmente o valor da vida e do amor, a própria responsabilidade e a dignidade dos filhos de Deus. No acompanhamento, a Igreja está ao lado do dependente para ajudá-lo a recuperar sua dignidade e vencer essa enfermidade. No apoio à erradicação da droga, não deixa de denunciar a criminalidade sem nome dos narcotraficantes que comercializam com tantas vidas humanas, tendo como objetivo o lucro e a força em suas mais baixas expressões".

maior criminalidade. Em conseqüência, muitas pessoas têm de cumprir penas em recintos penitenciários desumanos, caracterizados pelo comércio de armas, drogas, torturas, ausência de programas de reabilitação e crime organizado, que impede o processo de reeducação e reinserção na sociedade. Freqüentemente, os presídios são escolas de delinqüência (427). Os Estados precisam ocupar-se seriamente da questão. Urge maior agilidade nos procedimentos judiciais, assim como o reforço da ética e valores do pessoal que trabalha nos recintos penitenciários (428).[77] É preciso fortalecer a pastoral carcerária (429), criando-se comissões nacionais e diocesanas (430).

---

[77] Substitui-se: Necessita-se... "o reforço da ética e valores nos funcionários civis e militares que trabalham nos recintos penitenciários", por: É necessário... "uma atenção personalizada da pessoa civil e militar que, em condições muito difíceis, trabalha nos recintos penitenciários, e o reforço da formação ética e dos valores correspondentes".

CAPÍTULO IX
Família, pessoas e vida

9.1 O matrimônio e a família

A família deve ser assumida como um dos eixos transversais de toda a ação evangelizadora da Igreja. Em toda Diocese, requer-se uma pastoral familiar "intensa e vigorosa", para proclamar o Evangelho da família, promover a cultura da vida e trabalhar para que os direitos das famílias sejam reconhecidos e respeitados (435).

Entre outras, a pastoral familiar pode estimular as seguintes ações: comprometer com esta causa as outras pastorais; renovar a preparação remota e próxima para o sacramento do matrimônio; promover o diálogo com os governos, políticas e leis em favor da vida e da família;[78] impulsionar centros paroquiais e diocesanos de promoção da família; estudar as causas da crise das famílias; oferecer formação permanente aos agentes de pastoral familiar; acompanhar os casais em situação irregular;[79] agilizar as petições de nulidade matrimonial nos tribunais eclesiás-

---

[78] Acrescentou-se, no número 436, à frase,...Diante de leis governamentais que são injustas à luz da fé...(acrescentou-se) "e da razão".

[79] Acrescentou-se: "os casais que vivem em situação irregular, tendo presente que aos divorciados e casados novamente não lhes é permitido comungar".

ticos; criar meios de acolhida e adoção de crianças órfãs ou abandonadas; organizar casas de acolhida para jovens grávidas; dar uma atenção especial às viúvas (437).

9.2 As crianças

Vemos, com dor, a situação de pobreza, de violência intrafamiliar, de abuso sexual pela qual passa um bom número de nossas crianças, situação agravada pelos menores trabalhadores, de rua, portadores do HIV, órfãos, expostos à pornografia e à prostituição forçada, tanto virtual como real[80] (439).

Algumas orientações pastorais: dispensar uma atitude de respeito e acolhida, a exemplo de Jesus;[81] tutelar a dignidade e os direitos inalienáveis dos menores;[82] valorizar sua capacidade missionária; promover e difundir processos permanentes de pesquisa sobre a criança (441).

9.3 Os adolescentes e jovens

Merece especial atenção a etapa da adolescência, pois, nessa idade, facilmente eles podem ser vítimas de falsos líderes. É necessário estimular a pastoral dos adolescentes (442). Os jovens e adolescentes constituem a maioria da

---

[80] Acrescentou-se: "Não se pode permanecer indiferente diante do sofrimento de tantas crianças inocentes".

[81] Acrescentou-se: "De importância para toda a sua vida é o exemplo de oração de seus pais e avós, que têm a missão de ensinar a seus filhos e netos as primeiras orações".

[82] Acrescentou-se: "Cuidar para que as crianças recebam a educação adequada à sua faixa etária no âmbito da solidariedade, da afetividade e da sexualidade humana".

população da América Latina e do Caribe e, por isso, representam um enorme potencial para o presente e o futuro da Igreja e de nossos povos. Os jovens são chamados a ser "sentinelas do amanhã", comprometendo-se na renovação do mundo, à luz do Plano de Deus (443). Estes são os mais expostos aos efeitos da pobreza, vítimas de toda sorte de alienações, afetando sua própria identidade pessoal e social. São presas fáceis das novas propostas religiosas e pseudo-religiosas (444). Estão afetados por uma educação de baixa qualidade. Há uma ausência de jovens na política. Outros não têm possibilidade de estudar ou trabalhar, sendo obrigados a deixar seus países, engrossando o contingente dos migrantes (445).

Linhas de ação: renovar, em estreita união com a família,[83] a opção pelos jovens; propiciar acompanhamento vocacional; privilegiar, na pastoral da juventude, processos de educação e amadurecimento na fé, formando os jovens de maneira gradual, para a ação política e a mudança das estruturas e fazendo própria a opção preferencial pelos pobres; propiciar capacitação profissional para que não caiam na droga e na violência (446).

9.4 O bem-estar dos idosos

A Palavra de Deus nos interpela a respeitar e valorizar os idosos, convidando a aprender deles e a acompanhá-los em sua condição especial[84] (448). A família e a sociedade não podem considerá-los um peso ou uma carga. Fazem-se necessárias políticas sociais justas e solidárias,

---

[83] Acrescentou-se: ... renovar a opção pelos jovens "em estreita união com a família".

[84] Acrescentou-se, iniciando o texto deste número: "O respeito e a gratidão dos anciãos devem ser testemunhados em primeiro lugar por sua própria família".

que atendam a essas necessidades (449). A Igreja se sente comprometida a dar atenção humana integral aos idosos, incorporando-os na missão evangelizadora (450).

9.5 A dignidade e participação das mulheres

Inumeráveis mulheres, de toda condição social, não são valorizadas em sua dignidade e heróica generosidade no cuidado e educação dos filhos, nem na construção de uma vida social mais humana e na edificação da Igreja. É necessário, na América Latina, superar uma mentalidade machista, que ignora a novidade do cristianismo, que reconhece e proclama a "igual dignidade e responsabilidade da mulher em relação ao homem" (453). Urge que todas mulheres possam participar plenamente da vida eclesial, familiar, cultural, social e econômica, criando espaços e estruturas que favoreçam sua inclusão (454).

Entre as ações pastorais cabe: impulsionar uma organização pastoral que promova o protagonismo das mulheres; garantir a efetiva presença da mulher nos ministérios que a Igreja confia aos leigos, assim como nas esferas de planejamento e decisão; acompanhar as associações femininas que lutam para superar situações difíceis; apoiar programas, leis e políticas públicas que permitam harmonizar a vida laboral da mulher com seus deveres de mãe de família (458).

9.6 A responsabilidade do homem e pai de família

Tradicionalmente, uma porcentagem significativa de homens na América Latina se manteve à margem da Igreja. Isso questiona fortemente o estilo de nossa pastoral convencional (461). Por outro lado, muitos deles sentem-se cobrados na família, no trabalho e na sociedade, com tendência a valorizá-los pelo que contribuem materialmente (462).

Como ações pastorais, propõe-se: incluir nos conteúdos de formação na Igreja a reflexão em torno da vocação a que o homem é chamado a viver no casamento, na família, na Igreja e na sociedade; aprofundar o papel específico que cabe ao homem na construção da família; denunciar a mentalidade neoliberal que não vê no pai de família mais do que um instrumento de produção e ganância; favorecer a participação ativa dos homens na vida da Igreja (463).

9.7 A cultura da vida: sua proclamação e sua defesa

A vida é um presente de Deus, dom e tarefa, que devemos cuidar desde a concepção até a morte natural (464).Urge incrementar o diálogo entre ciência e fé, que permita à Igreja apresentar a defesa da vida[85] (465). O desejo de paz, fraternidade e felicidade não encontra resposta em meio aos ídolos do lucro e da eficácia (468).[86]

As possíveis ações são: promover nas Conferências Nacionais e nas Dioceses cursos sobre questões éticas aos agentes de pastoral;[87] formar agentes em estudos universitários de ética e bioética; criar um comitê de

---

[85] Acrescentou-se: "Este diálogo deve ser realizado pela ética e em casos especiais por uma bioética bem fundamentada".

[86] Acrescentou-se no final do texto deste número: "A defesa fundamental da dignidade e destes valores começa na família".

[87] Acrescentou-se: .... cursos também "a bispos".

bioética, nas Conferências Episcopais; oferecer aos casais programas de formação em paternidade responsável; apoiar e acompanhar pastoralmente e com misericórdia as mulheres que praticaram aborto; promover a formação e a ação de leigos competentes, para que se organizem para defender a vida e a família, em organismos nacionais e internacionais (469).

9.8 O cuidado com o meio ambiente

As gerações que nos sucederem têm o direito de receber um mundo habitável (471).[88] Nesse sentido, temos que aprender com os indígenas o respeito pela natureza e o amor à mãe-terra como fonte de alimento, casa comum e altar da partilha (472).[89] O atual modelo econômico, que privilegia o desmedido afã pela riqueza, devasta nossos bosques e a biodiversidade, comprometendo o *habitat* de campesinos e indígenas, que vão engrossar os cinturões de miséria. A industrialização selvagem e descontrolada de nossas cidades vai contaminando o meio ambiente com dejetos orgânicos e químicos (473).

Propostas de ação: evangelizar nossos povos para que descubram o dom da Criação e aprendam a contemplar e cuidar da casa de todos, e adotem um estilo de vida sóbrio e austero; buscar um modelo de desenvolvimento alternativo, integral e solidário, baseado numa ética que inclua a responsabilidade por uma ecologia natural e humana; empenhar esforços na promulgação de po-

---

[88] Suprimiu-se: ... não um planeta com ar contaminado, "com águas envenenadas e com recursos naturais esgotados". E acrescentou-se: "Felizmente, em algumas escolas católicas, começou-se a introduzir entre as disciplinas uma educação em relação à responsabilidade ecológica".

[89] Acrescentou-se, neste número: "É necessário dar particular importância à mais grave destruição em curso, a ecologia humana".

líticas públicas que assegurem a proteção, conservação e restauração da natureza; determinar medidas de monitoramento sobre a aplicação nos países dos acordos internacionais (474). Cabe também criar consciência sobre a importância da Amazônia para toda a humanidade, estabelecendo entre as Igrejas locais e os países da região uma pastoral de conjunto com prioridades garantidoras de um desenvolvimento que privilegie os pobres e sirva ao bem comum (475).

CAPÍTULO X
Nossos povos e a cultura

10.1 A cultura e sua evangelização

Com a inculturação, a fé da Igreja se enriquece com novas expressões e valores, expressando e celebrando cada vez melhor o mistério de Cristo, unindo fé e vida e contribuindo para uma catolicidade mais plena, não só geográfica, mas também cultural (479).

Muitos católicos se encontram desorientados diante da mudança cultural atual. No entanto, o anúncio do Evangelho não pode prescindir da cultura atual. Ela deve ser conhecida e, em certo sentido, assumida pela Igreja. Somente assim a fé cristã poderá aparecer como uma realidade pertinente e significativa de salvação para nossos contemporâneos. Mas essa mesma fé deverá engendrar padrões culturais alternativos para a sociedade atual (480).

10.2 A educação como bem público

O Estado tem o dever no campo educativo e não pode ignorar a abertura à transcendência, que é uma dimensão da vida humana, de modo que a formação integral reclama a inclusão de conteúdos religiosos (481). A Igreja precisa empenhar-se na formação religiosa dos fiéis que freqüentam as escolas públicas (483).

10.3 Pastoral da comunicação social

A evangelização não pode prescindir dos meios de comunicação social, que a inteligência humana aperfeiçoa cada vez mais. Com eles, a Igreja proclama "de cima dos telhados" a mensagem de que é depositária (485).

Opções pastorais: conhecer e valorizar a nova cultura da comunicação; promover a formação profissional na cultura da comunicação;[90] apoiar a criação de meios de comunicação próprios; estar presente nos meios de comunicação de massa; educar a consciência crítica no uso dos meios (486). A internet tem grande potencial para proclamar a mensagem evangélica (487). Os meios de comunicação não substituem as relações pessoais nem a vida comunitária (489). Cabe também à Igreja, juntamente com centros culturais e instituições educacionais, promover a inclusão digital, para usufruir de tantos meios informativos e formativos *on line* (490).

10.4 Novos areópagos e centros de decisão

É preciso continuar semeando os valores evangélicos nos ambientes onde se faz cultura e nos novos lugares: o mundo das comunicações, da cultura, das ciências e das relações internacionais (491). Tarefa de grande importância

---

[90] Acrescentou-se: ... formação profissional na cultura da comunicação, "com particular atenção aos proprietários, diretores, programadores e locutores".

é a formação de pensadores e pessoas que estejam em níveis de decisão. Devemos empregar esforços na evangelização de empresários, políticos e formadores de opinião no mundo do trabalho, dirigentes sindicais e comunitários (492). Novo campo missionário é a pastoral do turismo e do entretenimento nos clubes, nos esportes, no cinema e nos centros comerciais (493). É preciso valorizar o diálogo entre fé e ciência (495), bem como comunicar os valores evangélicos de maneira positiva e propositiva, pois são muitos os que se dizem descontentes, não tanto com o conteúdo da doutrina da Igreja, mas mais com a forma como ela é apresentada (497).

Na elaboração dos planos pastorais é preciso: favorecer a formação de um laicato capaz de atuar como verdadeiro sujeito eclesial e competente interlocutor entre a Igreja e a sociedade e vive-versa (497); dinamizar os grupos de diálogo entre a Igreja e os formadores de opinião dos diversos campos (498); criar oportunidades para a utilização da arte na catequese, nas celebrações litúrgicas e demais pastorais, com competência técnica e profissional (599); incentivar a criação de centros culturais católicos, especialmente nas áreas mais carentes (500).

10.5 Discípulos e missionários na vida pública

Os discípulos missionários de Cristo devem iluminar com a luz do Evangelho todos os espaços da vida social. A opção preferencial pelos pobres exige uma atenção pastoral aos construtores da sociedade. Se muitas estruturas atuais geram pobreza, em parte se deve à falta de fidelidade a compromissos evangélicos de muitos cristãos, com especiais responsabilidades políticas, econômicas e culturais (501). São, sobretudo, os leigos que têm de atuar como fermento na massa para construir uma sociedade de acordo com o projeto de Deus (505).

10.6 A pastoral urbana

As grandes cidades são laboratórios da cultura contemporânea complexa e plural (509), com uma nova linguagem e uma nova simbologia, que difunde também no mundo rural (510). Diante da nova realidade da cidade, novas experiências se realizam na Igreja, tais como a renovação das paróquias, a setorização, os novos ministérios, as novas associações, grupos, comunidades e movimentos. Mas se percebem atitudes de medo em relação à pastoral urbana, com tendência a se fechar em métodos antigos e a tomar uma atitude de defesa diante da nova cultura (513).

A V Conferência recomenda uma nova pastoral urbana que: atenda as variadas e complexas categorias sociais, econômicas, políticas e culturais;[91] abra-se a novas experiências, estilos e linguagens; transforme as paróquias cada vez mais em comunidades de comunidades; aposte na experiência de comunidades ambientais, integradas em comunidades em nível supraparoquial e diocesano;[92] fomente a pastoral da acolhida aos que chegam à cidade e aos que já vivem nela; intensifique a presença eclesial nas periferias urbanas, que crescem devido às migrações internas e situações de exclusão (517).

Os agentes de pastoral esforcem-se em desenvolver: um estilo de pastoral adequado à realidade urbana em sua linguagem, estruturas, práticas e horários; um plano de pastoral, orgânico e articulado, que incida sobre a cidade,

---

[91] Acrescentou-se: ... cidades "compostas de elites, classe média e pobres".

[92] Acrescentou-se: ... experiências de comunidades integradas em nível supraparoquial *"e diocesano"*.

em seu conjunto; uma setorização das paróquias em unidades menores, que permitam a proximidade e um serviço mais eficaz; estratégias para chegar aos condomínios fechados, prédios residenciais e favelas; uma maior presença nos centros de decisão da cidade, tanto nas estruturas administrativas como nas organizações comunitárias; uma descentralização dos serviços eclesiais, levando em conta as categorias profissionais; uma formação específica para presbíteros e agentes de pastoral, capaz de responder aos novos desafios da cultura urbana (518).

10.7 A serviço da unidade e fraternidade de nossos povos

A integração latino-americana pode contribuir para superar os urgentes problemas que hoje afetam os nossos povos (521). Una e plural, a América Latina é a casa comum, a grande pátria de irmãos (525). Mas nossa Pátria Grande (526) será realmente "grande", quando o for para todos, com maior justiça. É uma contradição dolorosa que o Continente de maior número de católicos seja também o de maior desigualdade social (527). Nos últimos vinte anos, houve avanços significativos e promissores nos processos e sistemas de integração de nossos países. No entanto, uma mera integração comercial é frágil e ambígua e, muito mais, quando esta se reduz a certas cúpulas políticas e econômicas e não se fundamenta na participação dos povos (528).

10.8 A integração dos indígenas e afro-americanos

A Igreja reconhece as "sementes do Verbo", presentes nas tradições e culturas dos povos indígenas da América Latina (529). E os acompanha no fortalecimento de suas identidades e organizações próprias, na defesa do território, em uma educação intercultural bilíngüe e na defesa de seus direitos (530).

O seguimento de Jesus no Continente passa também pelo reconhecimento dos afro-americanos. Conhecer seus valores culturais, sua história e suas tradições, entrar em diálogo fraterno e respeitoso com eles, é um passo importante na missão evangelizadora da Igreja (532). Por isso, a Igreja denuncia a prática da discriminação e do racismo em suas diferentes expressões e, como advogada da justiça e dos pobres, se faz solidária em suas reivindicações pela defesa de seus territórios, na afirmação de seus direitos, cidadania, projetos próprios de desenvolvimento e consciência de negritude (533).[93]

10.9 Caminhos de reconciliação e solidariedade

A Igreja precisa animar os povos a construir em sua pátria uma casa de irmãos, onde todos tenham lugar para viver e conviver com dignidade. Os dinamismos de integração, no seio de cada país, favorecem a integração regional (534). Por isso, é necessário educar nossos povos para que a reconciliação e a amizade social, a cooperação e a integração (535). Além de Continente da esperança, a América Latina precisa também abrir caminhos para a civilização do amor. Isso implica, como bons samaritanos, ir ao encontro das necessidades dos pobres e dos que

---

[93] Acrescentou-se, no final deste número: "A Igreja, com sua pregação, vida sacramental e pastoral, precisará ajudar para que as feridas culturais injustamente sofridas na história dos afro-americanos, não absorvam, nem paralisem a partir do seu interior, o dinamismo de sua personalidade humana, de sua identidade étnica, de sua memória cultural, de seu desenvolvimento social nos novos cenários que se apresentam".

sofrem e criar "as estruturas justas, que são uma condição sem a qual não é possível uma ordem justa na sociedade". Essas estruturas "não nascem e nem funcionam sem um consenso moral da sociedade sobre os valores fundamentais"[94] (537).

Cabe aos discípulos missionários promover uma cultura da partilha em todos os níveis, em contraposição à cultura dominante de acumulação egoísta, assumindo com seriedade a virtude da pobreza como estilo de vida sóbrio, para ir ao encontro dos irmãos que vivem na indigência (540). Compete também à Igreja colaborar na consolidação das frágeis democracias, no positivo processo de democratização do Subcontinente (541). Finalmente, conscientes de que a missão evangelizadora não pode caminhar separada da solidariedade com os pobres e sua promoção integral, e sabendo que existem comunidades que carecem dos meios necessários, é imperativo a criação de um fundo de solidariedade entre as Igrejas da América Latina e do Caribe (545).

---

[94] Acrescentou-se: "Essas estruturas justas nascem e funcionam quando a sociedade percebe que o homem e a mulher, criados à imagem e semelhança de Deus, possuem uma dignidade inviolável, a serviço da qual terão de conceber e atuar os valores fundamentais que regem a convivência humana".

CONCLUSÃO

A Conferência de Aparecida, recordando o mandato de ir e fazer discípulos, deseja despertar a Igreja na América Latina e no Caribe para um grande impulso missionário. Necessitamos de um novo Pentecostes! Necessitamos sair ao encontro de nossos povos para lhes comunicar e partilhar o dom do encontro com Cristo, que preenche nossa vida de sentido, verdade e amor, de alegria e esperança! Não podemos ficar tranqüilos, esperando dentro da Igreja, mas é urgente ir a todos, para proclamar que o mal e a morte não têm a última palavra, que o amor é mais forte, que fomos libertados e salvos pela vitória pascal do Senhor da história. É ele que nos convoca, em Igreja, a multiplicar o número de seus discípulos na construção de seu Reino em nosso Continente! Somos testemunhas e missionários nas grandes cidades e nos campos, nas montanhas e florestas de nossa América, em todos os ambientes da convivência social, nos mais diversos areópagos da vida pública das nações, nas situações extremas da existência, assumindo *ad gentes* nossa solicitude pela missão universal da Igreja (348).

Para nos converter em uma Igreja cheia de ímpeto e audácia evangelizadora, é preciso que sejamos de novo evangelizados e fiéis discípulos. Todos os batizados são chamados a "recomeçar a partir de Cristo" (549). É o próprio Papa que nos convida a "uma missão evangelizadora que convoque todas as forças vivas deste imenso rebanho", sobretudo as casas das periferias urbanas e do interior, procurando dialogar com todos, em espírito de compreensão e delicada caridade. Essa missão evangelizadora abraça com o amor de Deus a todos e especialmente aos pobres e aos que sofrem. Por isso, não se pode separá-la da solidariedade com os necessitados e da sua promoção humana integral. Os pobres são os destinatários privilegiados do Evangelho (550).

Recobremos, pois, o fervor espiritual. Conservemos a confortadora alegria de evangelizar, inclusive quando é necessário semear entre lágrimas. Recuperemos o valor e a audácia dos apóstolos (552). Que Maria nos ensine a sair de nós mesmos no caminho de sacrifício, amor e serviço, como fez na sua visita à sua prima Isabel (553). E, com os olhos fixos em Jesus, digamos a ele:[95] "fica conosco, Senhor, pois cai a tarde e o dia já declina" (Lc 24,29). Fica conosco, porque ao nosso redor as sombras vão se tornando mais densas e tu és a Luz; de nossa fé surgem névoas de dúvidas, e tu és a própria Verdade. Fica, Senhor, com nossas famílias, com aqueles que em nossas sociedades são mais vulneráveis. Fica com os pobres e humildes, com os indígenas e afro-americanos, que nem sempre encontram espaço e apoio para expressar a riqueza de sua cultura e a sabedoria de sua identidade. Fica com as crianças e os jovens, que são a esperança de nosso Continente. Fica com os idosos e os enfermos. Fortalece todos em sua fé, para que sejam teus discípulos e missionários" (*Discurso Inaugural* 6, 554).

---

[95] Acrescentou-se, aludindo ao *Discurso Inaugural*, "com o sucessor de Pedro".

SUMÁRIO

APRESENTAÇÃO 3

INTRODUÇÃO 7

PRIMEIRA PARTE
A VIDA DE NOSSOS POVOS HOJE

Capítulo I — OS DISCÍPULOS MISSIONÁRIOS 13
   1.1 Ação de graças a Deus 13
   1.2 A alegria de ser discípulos e missionários
       de Jesus Cristo 14
   1.3 A missão da Igreja é evangelizar 14

Capítulo II — OLHAR DOS DISCÍPULOS MISSIONÁRIOS
           SOBRE A REALIDADE 17
   2.1 A realidade que nos desafia como discípulos
       e missionários 17
   2.2 Situação de nossa Igreja nesta hora histórica
       de desafios 28

SEGUNDA PARTE
A VIDA DE JESUS CRISTO NOS DISCÍPULOS MISSIONÁRIOS

Capítulo III — A ALEGRIA DE SER DISCÍPULOS
            MISSIONÁRIOS PARA ANUNCIAR O
            EVANGELHO DE JESUS CRISTO 35
   3.1 A Boa-Nova da dignidade humana 35
   3.2 A Boa-Nova da vida 36

3.3 A Boa-Nova da família 37
3.4 A Boa-Nova da atividade humana 37
3.5 A Boa-Nova do destino universal dos bens
   e da ecologia 38
3.6 O Continente da esperança e do amor 38

Capítulo IV — A VOCAÇÃO DOS DISCÍPULOS MISSIONÁRIOS
   À SANTIDADE 41
4.1 Chamados ao seguimento de Jesus Cristo 41
4.2 Parecidos com o Mestre 41
4.3 Enviados a anunciar o Evangelho do Reino da vida 42
4.4 Animados pelo Espírito Santo 43

Capítulo V — A COMUNHÃO DOS DISCÍPULOS
   MISSIONÁRIOS NA IGREJA 45
5.1 Chamados a viver em comunhão 45
5.2 Lugares eclesiais para a comunhão 46
5.3 Discípulos missionários com vocações específicas 51
5.4 Os que deixaram a Igreja para se unir a outros
   grupos religiosos 57
5.5 Diálogo ecumênico e inter-religioso 58

Capítulo VI — O CAMINHO DE FORMAÇÃO DOS
   DISCÍPULOS MISSIONÁRIOS 61
6.1 Uma espiritualidade trinitária do encontro
   com Jesus Cristo 61
6.2 O processo de formação dos discípulos missionários 64
6.3 Iniciação à vida cristã e catequese permanente 67
6.4 Lugares de formação para os discípulos missionários 69

TERCEIRA PARTE
A VIDA DE JESUS CRISTO PARA NOSSOS POVOS

Capítulo VII — A MISSÃO DOS DISCÍPULOS A SERVIÇO
   DA VIDA PLENA 77
7.1 Viver e comunicar a vida nova em Cristo
   a nossos povos 77
7.2 Conversão pastoral e renovação missionária
   das comunidades 79
7.3 Nosso compromisso com a missão *ad gentes* 80

Capítulo VIII — REINO DE DEUS E PROMOÇÃO DA
              DIGNIDADE HUMANA 83
  8.1 Reino de Deus, justiça social e caridade cristã 83
  8.2 A dignidade humana 84
  8.3 A opção preferencial pelos pobres e excluídos 84
  8.4 Uma renovada pastoral social para a promoção
       humana integral 85
  8.5 Globalização da solidariedade e justiça internacional 86
  8.6 Rostos sofredores que doem em nós 87

Capítulo IX — FAMÍLIA, PESSOAS E VIDA 91
  9.1 O matrimônio e a família 91
  9.2 As crianças 92
  9.3 Os adolescentes e jovens 92
  9.4 O bem-estar dos idosos 93
  9.5 A dignidade e participação das mulheres 94
  9.6 A responsabilidade do homem e pai de família 94
  9.7 A cultura da vida: sua proclamação e sua defesa 95
  9.8 O cuidado com o meio ambiente 96

Capítulo X — NOSSOS POVOS E A CULTURA 99
  10.1 A cultura e sua evangelização 99
  10.2 A educação como bem público 99
  10.3 Pastoral da comunicação social 100
  10.4 Novos areópagos e centros de decisão 100
  10.5 Discípulos e missionários na vida pública 101
  10.6 A pastoral urbana 102
  10.7 A serviço da unidade e fraternidade de nossos povos ... 103
  10.8 A integração dos indígenas e afro-americanos 103
  10.9 Caminhos de reconciliação e solidariedade 104

CONCLUSÃO 107

Impresso na gráfica da
Pia Sociedade Filhas de São Paulo
Via Raposo Tavares, km 19,145
05577-300 - São Paulo, SP - Brasil - 2008